www.gesowip.ch

Bibliografische Information der Deutschen Nationalbibliothek
Die Deutsche Nationalbibliothek verzeichnet diese Publikation in der
Deutschen Nationalbibliografie; detaillierte bibliografische Daten sind im
Internet unter http://dnb.d-nb.de abrufbar

Erste Auflage

Layout: Simon Mugier

Cover-Foto: Hans Eckert im Hotel Schweizerhof, Luzern.
Videostill aus May B. Broda, Spione in Luzern – Vom
heissen in den Kalten Krieg, Dokumentarfilm SRF 1998.

ISBN 978-3-906129-80-8

May B. Broda   Ueli Mäder   Simon Mugier   (Hg.)

Geheimdienste – Netzwerke und Macht

Im Gedenken an Hans Eckert

Basler Advokat, Flüchtlingshelfer, Nachrichtenmann

1912-2011

edition gesowip

Inhaltsverzeichnis

Ueli Mäder

Zivilgesellschaftliches Engagement

Einleitung

Die öffentliche Tagung „Geheimdienste – Netzwerke und Macht. Nachrichtendienste in der Schweiz vom Zweiten Weltkrieg bis heute" fand am 22. Juni 2012 an der Universität Basel statt. Sie erinnerte an den Basler Juristen und Anwalt Hans Eckert (1912-2011), der sich ein Leben lang für Flüchtlinge und für Kulturschaffende engagierte. Als überzeugter demokratischer Patriot, der Faschismus und Nationalsozialismus ablehnte, war er während des Zweiten Weltkriegs im Nachrichtendienst der Schweizer Armee tätig. Seine widerständige Praxis sowie die Bedeutung und der Wandel geheimer Netzwerke bildeten den Fokus der Tagung, die ihren Abschluss mit einer Vorführung des Dokumentarfilms „Spione in Luzern. Vom heissen in den Kalten Krieg" (Schweizer Fernsehen 1998) von May B. Broda fand.

Bevor ich die Tagungsbeiträge vorstelle und auf die Bedeutung des zivilgesellschaftlichen Engagements eingehe, gebe ich einen kurzen Überblick über das Leben von Hans Eckert, das dann seine Tochter Sibyl Imboden-Eckert aus persönlicher Sicht weiter würdigt.

Hans Eckert kam am 22. Juni 1912 im Kleinbasel zur Welt. Hier besuchte er den Kindergarten und die Primarschule. Hier führte er in der Pfarrei St. Clara im Jünglingsverein die Leihbibliothek. Hier spielte er im Theater der späteren Jungwacht mit. Nach der Maturität (1931) am Gymnasium auf der Burg studierte Hans Eckert Jurisprudenz an der Uni Basel. Er engagierte sich in der akademischen Gesellschaft Renaissance, in der sich Studierende als schöngeistiger Club von Individualisten formierten. Eine Renaissance-Gruppe lud etwa den Frankfurter Philosophen Max Horkheimer dazu ein, über „die Wahrheit im Denken" zu berichten.

In studentischen Arbeitslagern half Hans Eckert auch, Wege über die Alpen zu bauen. Dabei lernte er seine Frau, Annemarie Meier aus Liestal, kennen. Gemeinsam bereiteten sie sich auf das Doktorat vor und bezogen 1936 nach der frühen Geburt ihres ersten Sohnes im Gundeldinger Quartier eine kleine Wohnung. Während Volontariaten an Gerichten übernahm Hans Eckert die Vertretung einer Anwaltspraxis an der Freien Strasse, die er schon bald führen durfte. Der Inhaber, Ernst Wolf, wanderte 1939 wegen der Kriegsgefahr nach Venezuela aus. Wenig später erhielt Hans Eckert das militärische Aufgebot. Zunächst als Hilfsdienst-Radfahrer im Meldedienst, dann als juristischer Mitarbeiter der politischen Polizei. Dafür erhielt Hans Eckert zehn Franken Tagessold. Zudem die Erlaubnis, sein Büro auf Sparflamme weiter zu führen. Er durfte sich auch auf das Staatsexamen vorbereiten, das er 1941 – zehn Minuten nach der Geburt des zweiten Sohnes – bestand. Vor Kriegsende kam noch eine Tochter hinzu.

Der Hilfsdienstsoldat (HD) Hans Eckert gehörte während des Zweiten Weltkriegs dem militärischen Nachrichtendienst der Schweiz an. Er war der Meldesammelstelle Basel, Deckname „Pfalz", zugeteilt, die der Nachrichtensammelstelle Luzern, Deckname „Rigi", unterstellt war. Eine seiner Aufgaben war die Mitbetreuung der Agentenlinie „Mo".

Nach dem Krieg engagierte sich Hans Eckert in seiner Anwaltspraxis im Spillmann-Haus am Rheinsprung für verarmte Kulturschaffende in Deutschland. Er tat dies im Rahmen der „Schweizerisch-Deutschen Kulturvereinigung". Zusammen mit seinem Freund Edgar Salin, der an der Universität Basel auch als Rektor wirkte. Mit ihm verband ihn unter anderem die Liebe zur Literatur. Der kulturwissenschaftlich versierte Edgar Salin interessierte sich besonders für Hölderlin. (Ob er heute noch an der Wirtschaftswissenschaftlichen Fakultät der Universität Basel eine sozialwissenschaftliche Professur bekäme, ist leider fraglich.)

Mit seiner Familie übersiedelte Hans Eckert 1948 nach Reinach. Von hier fuhr er jeden Tag mit dem Velo in die Stadt. Hans Eckert betätigte sich auch in der Reinacher Gemeindekommission und von 1953 an im Gemeinderat. Sein erfolgreicher Einsatz für ein Gartenbad erhitzte die Gemüter und führte zu seiner Abwahl. Von 1974-84 präsidierte er auch die Vormundschaftsbehörde. Nach dem Auszug der eigenen Kinder nahmen Hans und Annemarie Eckert-Meier zwei chinesische Studentinnen bei sich auf. Wichtig blieben das Engagement für Flüchtlinge und das Interesse am Kulturellen. Hans Eckert fungierte auch als Testamentsvollstrecker für Otto Frank, den Vater von Anne Frank. Er, Hans Eckert, betätigte sich fast hauptamtlich als Sekretär der Enrique-Beck-Stiftung, setzte sich für algerische und kurdische Flüchtlinge und gegen Atomkraftwerke ein. Seine Frau starb 2001. Er folgte gut zehn Jahre später, am 17. Oktober 2011. Fast hätte er noch seinen hundertsten Geburtstag feiern können.

Die Universität erinnert an Hans Eckert wegen seinem humanitären Ethos, mit dem er sich, durch die Gräuel des Zweiten Weltkrieges motiviert, gegen Gewaltherrschaft und Unterdrückung wandte. Wir denken bei dieser Gelegenheit aber auch an all die Angehörigen von Eckerts Generation, die sich während dem Zweiten Weltkrieg gegen Faschismus und Nationalsozialismus engagierten, ohne grosses Aufheben zu machen. Von ihnen ist bis heute leider wenig bekannt. Mehr historisches Wissen könnte auch dafür sensibilisieren, wie wichtig überhaupt ein zivilgesellschaftliches Engagement ist, das sich autoritären Machtgefügen widersetzt und für demokratische Prozesse und Teilhabe engagiert.

Die Zivilgesellschaft zeichnet sich durch einen offenen Charakter und klar säkularisierte Grundlagen der Politik aus. Die Konfliktbereitschaft und Konfliktfähigkeit sind zentral. Sie manifestieren sich in gesellschaftlichen Protesten und sozialen Bewegungen, die eine gewisse Autonomie gegenüber staatlichen Einrichtungen postulieren. Die Zivilgesellschaft hat verschiedene Stränge. Ältere Staatstheorien thematisierten die Frage der Civil Society bereits im 17. Jahrhundert. John Locke leitete damals gesellschaftliche Institutionen und Integrationsformen aus den Bedürfnissen der Individuen ab. In der zweiten Hälfte des 20. Jh. engagierte sich im ehemaligen Ostblock die Bürgerinnen- und Rechtsbewegung dafür, die Zivilgesellschaft zu stärken. Soziale Bewegungen setzten sich während den siebziger Jahren auch in westlichen Industrieländern vermehrt für den Schutz ziviler Einrichtungen ein. Heute beeinflusst die Frage nach dem Rückzug des Staates die Debatten über die Zivilgesellschaft. Die Reaktivierung des Zivilen soll gesellschaftliche Aufgaben neu verteilen, den sozialen Zusammenhalt festigen und Konflikte mit zivilen Mitteln bewältigen. Die Zivilgesellschaft läuft allerdings Gefahr, einen Abbau sozialstaatlicher Leistungen zu kompensieren und unfreiwillig zu legitimieren.

Die Zivilgesellschaft steht in einer langen Tradition der Solidarität. Sie geht zunächst von Einzelnen, Familien, sozialen Bewegungen, Genossenschaften, Gewerkschaften, politischen und kirchlichen Organisationen aus. Im Vordergrund stehen selbstorganisierte Aktivitäten, die sich idealtypisch weitgehend ausserhalb der Staats- und Marktsphäre bewegen. Die Unterscheidung von ziviler Gesellschaft und Staat gilt als ursprüngliches Kennzeichen der Moderne. Der renommierte Soziologe Anthony Giddens kritisiert allerdings diese Trennung. Seiner Auffassung nach ist die Zivilgesellschaft nie bloss eine Reihe von Einrichtungen ausserhalb des Staates gewesen. Der Staat ist jedenfalls kein Selbstzweck.

Er umfasst zahlreiche gesellschaftliche Institutionen und nimmt auch über die Unterstützung ziviler Einrichtungen Funktionen wahr, die unmittelbar von erheblichem öffentlichem Interesse sind. Die zivilgesellschaftlichen Einrichtungen sind ein wichtiges Instrument einer umfassenden demokratischen Bewegung. Sie machen Probleme öffentlich sichtbar, ziehen Mächtige zur Verantwortung und weiten die direkt demokratische Entscheidungsfindung aus. Eine Zivilgesellschaft ist eine lebendige Kraft. Sie trägt viel dazu bei, autoritäre Strömungen zu entkräften. Und damit komme ich zu den Referaten.

Zuerst erörtert *May B. Broda* Hintergründe, die helfen, die Geheimdienstaktivitäten besser zu verstehen.

Sibyl Imboden-Eckert ist die Tochter von Hans Eckert. Sie würdigt ihren verstorbenen Vater aus persönlicher Sicht. Neben ihr waren Geschwister, ihre Familien, Bekannte, Freunde und darüber hinaus viele Interessierte anwesend. Ihre Präsenz ehrte Hans Eckert und seine Generation.

Otmar Hersche, der ehemalige Direktor von Radio und TV DRS, thematisiert in seinem Beitrag die Frage nach dem Widerstand in der Schweizer Presse. Er befasst sich zudem mit der akademischen Gesellschaft Renaissance, der auch Hans Eckert angehörte. Diese akademische Gesellschaft hatte wohl einen ideellen Einfluss. Studierende begründeten die Renaissance. Sie lehnten sich gegen die Haltung des Katholischen Studentenverbandes und der offiziellen Katholischen Kirche auf. Sie kritisierten die Kirche dafür, sich – wie der Bundesrat und die Christliche Volkspartei der Schweiz – kaum von nationalsozialistischer Gesinnung abzugrenzen. Die Renaissance leistete indes geistigen Widerstand.

Die „Basler Hilfsstelle für Flüchtlinge" existierte bis 1956. Hans Eckert war bereits seit 1938 als Mitarbeiter von Dr. Wolf für die Hilfsstelle aktiv. Sie nahm u.a. Flüchtlinge aus

Deutschland und osteuropäischen Ländern auf. Die Hilfsstelle kümmerte sich nach dem Verbot der Kommunistischen Partei Schweiz und der zugehörigen „Roten Hilfe" ebenfalls um „sozialistische" Flüchtlinge. Sie tat dies, wie Hans Eckert, allerdings nicht aus ideologischer Nähe, sondern aus humanitären Gründen. *Herman Wichers,* Leiter der Informationsvermittlung im Staatsarchiv Basel-Stadt, weist in seinen Studien darauf hin, wie die Flüchtlingshilfe in einer humanitären Tradition stand. Es gab keine staatliche Nothilfe oder ähnliche Unterstützung für Flüchtlinge. Die Flüchtlingshilfen waren auf private Spenden angewiesen. Und die Mitarbeitenden setzten sich auch mit eigenen Mitteln ein. Herman Wichers geht in seinem Beitrag auf die Flüchtlingshilfe, das Exil, den Widerstand und den Nachrichtendienst im Zeitraum von 1935-1945 ein.

In einem weiteren Beitrag befasst sich May B. Broda am Beispiel des Hilfsdienstsoldaten Hans Eckert mit Aktivitäten des Nachrichtendienstes der Schweizer Armee im Zeitraum von 1942 bis 1945. Erstmals legt sie die Agentenlinie „Mo" und ihre spezifische Bedeutung für die Beziehungen zwischen der neutralen Schweiz, den Alliierten und Österreich, das nach der deutschen Kapitulation als unabhängiger Staat wiederhergestellt werden sollte, offen.

Roman Weissen leitete die Abteilung Kommunikation im strategischen Nachrichtendienst. Er fragt in seinem Beitrag, inwiefern sich der Nachrichtendienst als Spagat zwischen Staatsraison und Freiheit verstehen lässt. In einer gemeinsamen Nachlese mit *Simon Mugier* hält Roman Weissen im Tagungsband noch etwas umfassender Rückblick. Die beiden weisen auf die Gefahr hin, mit schutzgetarnter Überwachung individuelle Freiheiten einzuschränken und einen „Staat im Staate" zu etablieren.

Initiatorin unseres Gedenknachmittages ist *May B. Broda.* Die Historikerin und Filmemacherin ergründete in langjährigen Studien das Verhältnis von Hans Eckert zum Nachrichtendienst der Schweizer Armee im Zweiten Weltkrieg. Sie hat die Tagung inspiriert. Und sie verbindet ihre umfassend und tiefgründig recherchierten Hintergrundinformationen mit vielfältigen Bezügen zum Menschlichen und Persönlichen. Am Schluss ihrer Rede an der Beerdigung von Hans Eckert (am 28. Oktober 2011 in Reinach) fasste May B. Broda das Wirken von Annemarie und Hans Eckert-Meier nochmals zusammen: „Das Ehepaar Annemarie und Hans Eckert-Meier zeigte Zivilcourage und ging ziemliche Wagnisse in einer Zeit ein, als die bewährten demokratischen Werte ihrer Heimat Schweiz auf Messers Schneide standen. Beide lebten Humanität und Solidarität. Bis zuletzt setzte Hans Eckert auf die individuelle Freiheit und die der Andersdenkenden, in unerschütterlichem Gottvertrauen."

Die Tagungsbeiträge zeichnen zum einen ein facettenreiches Bild des Baslers Hans Eckert und seiner Zeit. Zum andern machen sie auf die verschiedenen, politischen, militärischen und technologischen Veränderungen im Nachrichten- und Geheimdienstwesen aufmerksam.
Mein besonderer Dank gilt May B. Broda. Und meinem Kollegen Simon Mugier, der Tagung und Publikation ebenfalls engagiert mittrug. Und ich danke auch der Familie Eckert für die gute Zusammenarbeit.

Ueli Mäder
Basel, den 22. Juni 2015

May B. Broda

„Geheimdienst", „Intelligence"

Begriff, Theorie, Forschung

Der Fokus der Tagung „Geheimdienste. Netzwerke und Macht" richtet sich auf wenig bekannte Organisationen und Strukturen sowie Entwicklungen und Ereignisse aus der älteren und jüngeren Vergangenheit der Schweiz, die der weiteren wissenschaftlichen Erforschung harren. Was also sind „Geheimdienste" und was bedeutet „Geheimdienst"?

Bis zum 6. Mai 1992 leugnete die britische Regierung die Existenz ihres Auslandgeheimdienstes „SIS (Secret Intelligence Service)"[1] beziehungsweise „MI (Military Intelligence) 6",[2] der 1909 neu als „Foreign Section" des zentralisierten „Secret Service Bureau" organisiert worden war.[3]

---

1 West, Nigel, At Her Majesty's Secret Service. The Chiefs of Britain's Intelligence Agency, MI 6, London: Greenhill Books, Lionel Leventhal Limited, 2006, S. 15 und 215: „Prime Minister John Major did refer to (Colin; Anm. d. Autorin) McColl (Chief of the SIS since November 1988; Anm. d. Autorin) in a speech in the House of Commons on the Queen's Speech, on 6 May 1992, announcing the government's intention to place SIS on a statutory footing, the very first time that SIS's continuing existence had been admitted or the Chief's name had been mentioned in Parliament."

2 Hinsley, F. (Francis; Anm. d. Autorin) H. (Harry; Anm. d. Autorin), British Intelligence in the Second World War, Abridged Edition, London: Her Majesty's Stationery Office, 1994, Second Impression (with revisions), S. 4: „The Secret Intelligence Service (SIS) was initially set up before 1914 to acquire intelligence abroad by the means of espionage. But it had remained under the control of a single department (usually the War Office: hence its other title, MI6, which it retains for reasons of custom and convenience) ..."

3 Hinsley, F. (Francis; Anm.d.Autorin) H. (Harry; Anm. d. Autorin) and others, British Intelligence in the Second World War. Its Influence

Am 3. Juni 2008 stellte der deutsche „Bundesnachrichtendienst (BND)" per Mail an den Politikwissenschafter Stephan Blancke klar: „Zum einen sind wir kein Geheimdienst,
sondern ein Nachrichtendienst."[4] Diese Erklärung erhellt
die Sache keineswegs, denn ein Nachrichtendienst könnte ja
einfach nur eine Medien- und Presseagentur sein; übrigens
ein wichtiger Aspekt im ersten grossen Ostspionageprozess
der Schweiz im November 1953 gegen den staatenlosen Ver-
leger Rudolf Rössler und den Schweizer Journalisten Xaver
Schnieper aus Luzern, den der Basler Anwalt und ehemalige
Mitarbeiter des Nachrichtendienstes der Schweizer Armee
Hans Eckert verteidigte.[5]
2010 bestimmte der Schweizerische Bundesrat die Aufgaben
des zivilen „Nachrichtendienstes des Bundes (NDB)",[6] in

---

on Strategy and Operations, Vol. I, London: Her Majesty's Stationery
Office, 1979, S. 15-26.

4 Blancke, Stephan, Private Intelligence. Geheimdienstliche Aktivitäten nicht-staatlicher Akteure, Globale Gesellschaft und internationale
Beziehungen, herausgegeben von Thomas Jäger, VS Verlag für Sozialwissenschaften, Wiesbaden: Springer Fachmedien, 2011, S. 5, Anm. 12:
Der Autor gibt leider weder den Wortlaut seiner Anfrage an den BND
noch dessen vollständige Antwort wieder.

5 Broda, May B., Ein Meisterspion wird kaltgestellt. Neue Erkenntnisse
über die Verurteilung der beiden Ostagenten Roessler und Schnieper,
in: Neue Zürcher Zeitung (NZZ), Nr. 65, 19.3.1998, S. 15; Dies., Spione
in Luzern. Vom heissen in den Kalten Krieg, Spuren der Zeit, Dokumentarfilm, Schweizer Radio Fernsehen (SRF) 1998; vgl. den nachfolgenden Beitrag von May B. Broda, „Die Agentenlinie ‚Mo'".

6 Der zivile NDB ist gegenwärtig einer der beiden Nachrichtendienste der Schweiz, die beide im „Eidgenössischen Departement für Ver-
teidigung, Bevölkerungsschutz und Sport (VBS)" angesiedelt sind.
Er untersteht dem Vorsteher des VBS direkt. Mit ihm kooperiert der
„Nachrichtendienst der Armee (NDA)", auch „Militärischer Nachrichtendienst (MND)" genannt, eine Abteilung im „Führungsstab der
Armee" des Chefs der Schweizer Armee. Seine Aufgabe ist das Sammeln von Informationen über den Verlauf von militärischen Operatio-
nen. Seine Erkenntnisse dienen dem Chef der Armee beziehungsweise
dem Schweizerischen Bundesrat dazu, Entscheide zu treffen. Auch die
Schweizer Kantone besitzen Staatsschutzabteilungen, die nachrich-

dem man damals den Inland- und den Auslandgeheimdienst der Schweiz vereinigte: „Der NDB ist das Kompetenzzentrum für sämtliche nachrichtendienstlichen Belange der inneren und äusseren Sicherheit. Er unterstützt die politische und militärische Führung und weitere Dienststellen bei Bund und Kantonen und trägt mit seinen Erkenntnissen und Beurteilungen zu bedrohungsgerechten und breit abgestützten Entscheiden bei. Der NDB richtet den Einsatz seiner Mittel nach den Bedürfnissen und Erwartungen seiner Partner und Leistungsbezüger aus. So generiert er einen nachrichtendienstlichen Nutzen, mit dessen Hilfe eine umfassende führungsrelevante Nachrichtenlage für Entscheidträger jeglicher Ebenen geschaffen werden soll."[7] Die Schweizer Regierung zählt also den NDB wie die Aussenpolitik, die Armee, den Bevölkerungsschutz, die Wirtschaftspolitik, die Zollverwaltung, die Polizei und den Zivildienst „zu den sicherheitspolitischen Instrumenten der Schweiz".[8]

tendienstliche Aufgaben in Absprache mit dem NDB übernehmen; SR 510.291 Verordnung über den Nachrichtendienst der Armee (V-NDA) vom 4.12.2009 (Stand am 1.1.2010); http://www.admin.ch/opc/de/ classified-compilation/20092339/201001010000/510.291.pdf; vtg. admin.ch/internet/vtg/de/home/schweizerarmee/organisation/fsta/ J2.html; Keller, Andreas, Die Politische Polizei im Rahmen des Schweizerischen Staatsschutzes, Basler Studien zur Rechtswissenschaft, Bd. 50, Basel und Frankfurt am Main: Helbling & Lichtenhahn, 1996, S. 466-469.

7 SR 10.059 Bericht des Bundesrates an die Bundesversammlung über die Sicherheitspolitik der Schweiz vom 23.6.2010, in: Schweizerisches Bundesblatt (BBl), Nr. 30, 3.8.2010, S. 5197; http://www.admin.ch/ opc/de/federal-gazette/2010/5133.pdf.

8 Noch (Stand Oktober 2014) hat das Schweizer Parlament, der Nationalrat und der Ständerat, das neue, nach der Vernehmlassung redigierte eidgenössische Nachrichtendienstgesetz (NDG) nicht beraten, das die Tätigkeit, die Beauftragung und die Kontrolle des NDB neu regeln soll. Stimmt es zu und ergreift niemand das Referendum, kann das NDG frühestens am 1.1.2016 in Kraft treten; SR 14.022 Botschaft zum Nachrichtendienstgesetz vom 19.2.2014, in: BBl, Nr. 10, 18.3.2014, S. 2109; http://www.admin.ch/opc/de/federal-gazette/2014/2105.pdf; http://

Diese drei Beispiele aus dem vergangenen Vierteljahrhundert deuten an, dass das Geheimdienstwesen ein Machtinstrument der einzelnen Nationalstaaten geblieben ist, auch wenn Informationen etwa zwischen der Schweiz und ihren Partnern in Europa ausgetauscht werden, die „mehrheitlich" der Europäischen Union (EU) und der Nordatlantik-Pakt-Organisation (NATO), beide eng mit den Vereinigten Staaten von Amerika (USA) vernetzt, angehören.[9] Gleichzeitig schreckt man vor der Überwachung befreundeter Staaten – im Zeitalter von „Big Data" erst recht – nicht zurück.[10]

---

www.vbs.admin.ch/internet/vbs/de/home/themen/ndb/uebersicht. html.

9 SR 14.022 Botschaft zum Nachrichtendienstgesetz vom 19.2.2014, in: BBl, Nr. 10, 18.3.2014, S. 2115; http://www.admin.ch/opc/de/federalgazette/2014/2105.pdf; Winkler, Peter, Obama zwischen Hammer und Amboss. Richtungsloses Reagieren des Präsidenten in der erzwungenen Auseinandersetzung über die NSA (National Security Agency der USA; Anm.d.Autorin), in: NZZ, Nr. 252, 30.10.2013, S. 3; Schürer, Stefan / Feuz, Patrick, Datendiebstahl beim Geheimdienst. Die Info-Drehscheibe, in: Tages-Anzeiger, 17.10.2012, S. 3.

10 Appelbaum, Jacob / Blome, Nikolaus /Gude, Hubert / Neukirch, Ralf / Pfister, René / Poitras, Laura / Rosenbach, Marcel / Schindler, Jörg / Schmitz, Gregor Peter / Stark Holger, Der unheimliche Freund, in: Der Spiegel, Nr. 44, 28.10.2013, S. 21-26; Gujer, Eric, Spione im Schlaraffenland, in: NZZ, Nr. 148, 29./30.6.2013, S. 15: „Die Amerikaner arbeiten eng mit britischen, kanadischen, australischen und neuseeländischen Diensten zusammen. Diese Staaten überwachen die durch ihr Hoheitsgebiet führenden internationalen Glasfaserkabel und tauschen sich aus. So lesen dann alle Beteiligten des Verbunds Mails aus der Schweiz. ... Da der anglofone Spionagering seit langem flächendeckend abhört, rief das Europaparlament schon in den neunziger Jahren einen Untersuchungsausschuss ins Leben. Dessen Bericht (Echelon-Report von 1999; Anm.d.Autorin) liest sich wie die ausführliche, indes technisch veraltete Fassung von (Edward; Anm.d.Autorin) Snowdens Vorwürfen" betreffend die Aktivitäten des amerikanischen Geheimdienstes (NSA).

Zwischenstaatliche Geheimdienst-Aktivitäten sind nach Völkerrecht nicht generell verboten.[11] Sie werden nach Völkergewohnheitsrecht „in einem gewissen Ausmass toleriert". Der ausspionierte Staat, der immer auch Spionageabwehr betreibt, stuft sie meist als „unfreundliche Akte" ein. Das jeweilige Landesrecht aber erlaubt, feindliche Geheimdienst-Akteure strafrechtlich zu belangen.[12]

Verschiedene rechtliche Instrumente, zum Beispiel Konventionen, dienen dem Schutz der Menschen- und Grundrechte wie der Meinungs-, der Informations- und der persönlichen Freiheit.[13] Das Grundrecht auf den Schutz der Privatsphäre ist durch die klandestine Ausforschung, ob gesetzlich abgesichert und behördlich gebilligt oder nicht, besonders gefährdet.[14]

---

11 Es gibt „im Bereich des Nachrichtendienstes derzeit keine völkerrechtlich bindenden Verträge. … Es werden höchstens ‚Agreements', allenfalls ‚Memorandums of Understanding' (MoU) abgeschlossen, die keine verpflichtende Wirkung haben. Der Grund dafür ist, dass der Nachrichtendienst primär den Interessen eines jeden Landes dient"; SR 14.022 Botschaft zum Nachrichtendienstgesetz vom 19.2.2014, in: BBl, Nr. 10, 18.3.2014, S. 2147; Krieger, Wolfgang, Die Geschichte der Geheimdienste. Von Pharaonen bis zur CIA, München: Verlag C.H.Beck, 2009, S. 324.

12 SR 14.022 Botschaft zum Nachrichtendienstgesetz vom 19.2.2014, in: BBl, Nr. 10, 18.3.2014, S. 2137.

13 Krieger, Wolfgang, Der 11.September: ein Versagen der Geheimdienste?, in: Krieger, Wolfgang (Hrsg.), Geheimdienste in der Weltgeschichte. Spionage und verdeckte Aktionen von der Antike bis zur Gegenwart, München: Verlag C.H.Beck, 2003, S. 341-344: Nach den islamistischen terroristischen Anschläge in den USA vom 11.September 2001 kam es zum Ausbau der Geheimdienste und zum Abbau der Grundrechte.

14 „Die ‚Notwendigkeit eines verfassungsrechtlichen Schutzes der Privatsphäre' und eines ‚gesetzlichen Datenschutzes'" sah man in der Schweiz „relativ spät" ein. Das Schweizerische Bundesgericht anerkannte 1962/1963 „die ‚persönliche Freiheit' als ungeschriebenes verfassungsmässiges Grundrecht"; Kreis, Georg (Hrsg.), Staatsschutz in der Schweiz. Die Entwicklung von 1935-1990. Eine multidisziplinäre Untersuchung im Auftrage des schweizerischen Bundesrates, Bern,

Geheimdienste werden laut gegenwärtigem Forschungsstand selten autonom aktiv oder gehen gegen den Willen der eigenen Regierung vor. „Selbst wenn die Geheimagenten ... gegenüber ihrem entsendenden Staat rechtmässig handeln, bleibt die Frage nach der ethischen Rechtfertigung ihres Handelns."[15]

Das Ende des Kalten Krieges beförderte die öffentliche Diskussion über die Geheimdienste und ihre Rolle.[16] In der Folge wurden geheimdienstliche Aktenbestände teilweise offengelegt.[17] Trotzdem blieb und bleibt vieles unklar.

Stuttgart und Wien: Verlag Paul Haupt, 1993, S. 126-127; Price, David, Absolut unamerikanisch. Die schleichende Enteignung der Privatsphäre in den USA, in: Le Monde diplomatique, Ausgabe Schweiz, WOZ / Die Wochenzeitung (Hrsg.), August 2013, S. 3-4.

15 Krieger, Wolfgang, Die Geschichte der Geheimdienste, S. 324.

16 Damals begannen sich Ex-Mitarbeiter des sowjetrussischen KGB (Komitet Gosudarstvennoye Beznopasnosti) sowie der beiden amerikanischen Dienste CIA (Central Intelligence Agency) und NSA in grosser Zahl auf dem freien Markt zu etablieren. „Ehemalige Feinde wurden zu Partnern" in privaten Firmen. Der Aufschwung von „Private Intelligence (PI)", von nichtstaatlichen Geheimdienstorganisationen, wurde zusätzlich durch die Wirtschaftsliberalisierung und die staatlichen Sparmassnahmen begünstigt; Blancke, Stephan, Private Intelligence, S. 84-98.

17 Krieger, Wolfgang, Die Geschichte der Geheimdienste, S. 9-10.

Begriff

„Intelligence is what intelligence services do", „Geheimdienst bedeutet das, was Geheimdienste machen", heisst es lapidar in Sherman Kents Standardwerk „Strategic Intelligence for American World Policy" von 1949.[18] Auf ihn geht die allgemein gehaltene Definition von „Geheimdienst" oder „Nachrichtendienst", angelsächsisch „Intelligence", zurück, die drei Kategorien umfasst: Sie verweist erstens auf spezifische Kenntnisse (knowledge), zweitens auf die Tätigkeit (activity), diese zu erhalten, und drittens auf die Organisation (organization), deren Aufgabe es ist, diese zu beschaffen, wobei Geheimhaltung immer zentral bleibt.[19] Im Folgenden interessiert „Intelligence" als übergeordneter Begriff und nicht als häufig verwendetes Synonym einer Organisation oder staatlichen Behörde, die sowohl Informationen aller Art mit unterschiedlichsten Mitteln für ihre Auftraggeber sammelt und auswertet, um bestimmte Erkenntnisse zu gewinnen, als auch mittels verdeckter Aktionen in gegnerische wie befreundete Herrschaftsbereiche eingreift, „um Veränderungen herbeizuführen."[20]

Verschiedene Definitionen integrieren den Begriff der „Spionage", andere setzen mehr auf denjenigen des „Verrats".[21]

Ins Visier nimmt man oft „das militärische Geheimnis", das auf Grund von Gesetzen, Verordnungen oder Befehlen nur

---

18 Zitat nach Jackson, Peter / Siegel, Jennifer, Introduction, in: Jackson, Peter / Siegel, Jennifer (Eds.), Intelligence and Statecraft. The Use and Limits of Intelligence in International Society, Westport, Connecticut, and London: Praeger Publishers, 2005, S. 4.

19 Shulsky, Abram N. / Schmitt, Gary J., Silent Warfare. Understanding the World of Intelligence, Dulles: Potomac Books, 2002, Updated Third Edition, Digitalisat, S. 169 und 171.

20 Krieger, Wolfgang, Einleitung, S. 8.

21 Blancke, Stephan, Private Intelligence, S. 56; Krieger, Wolfgang, Die Geschichte der Geheimdienste, S. 16-18.

dem zugänglich gemacht werden darf, für den es bestimmt ist.[22]

Militär und Wirtschaft wiederum lieben den „Gegner". So formuliert die US-Armee in ihrem „Counter Intelligence Field Manual" vom 3.Oktober 1995: „Ein Schlüsselwort für die Definition von ‚Intelligence' ist der Feind. Wir müssen unseren Feind gut oder besser kennen als uns selbst. Wir müssen die Möglichkeiten und Begrenztheiten der Bedrohung, die sich gegen uns richtet, erkunden und verstehen, ebenso, wie die Bedrohung unsere Handlungen und unseren Auftrag beeinflussen kann."[23]

Oder es werden strategische wie interventionistische Aspekte anvisiert, indem man Gedanken des preussischen Kriegsstrategen General Carl von Clausewitz aus dem Jahr 1832[24] und des renommierten Professors für Völkerrecht Lassa Oppenheim, der vor seiner Karriere in London und Cambridge

---

22 Artikel 106 des schweizerischen Militärstrafgesetzes (MStG), Absatz 1, in der Fassung gemäss Ziff. II des Bundesgesetzes (BG) vom 10.10.1997, in Kraft seit 1.4.1998, stellt die Verletzung militärischer Geheimnisse unter Strafe: „Wer vorsätzlich Akten oder Gegenstände, Vorkehren, Verfahren oder Tatsachen, die mit Rücksicht auf die Landesverteidigung oder aufgrund vertraglicher Abmachungen geheim zu halten sind, weil deren Aufdeckung die Auftragserfüllung von wesentlichen Teilen der Armee gefährden würde, veröffentlicht oder auf andere Weise Unbefugten bekannt oder zugänglich macht, solche Akten oder Gegenstände widerrechtlich an sich nimmt, abbildet oder vervielfältigt, wird mit Freiheitsstrafe bis zu fünf Jahren oder Geldstrafe bestraft"; SR 321.0 Militärstrafgesetz vom 13.6.1927 (Stand am 1.1.2014); http://www.admin.ch/ch/d/sr/3/321.0.de.pdf. - Vgl. die hier nachfolgenden Beiträge von Roman Weissen und May B. Broda.

23 Von der Autorin übersetztes Zitat nach Blancke, Stephan, Private Intelligence, S. 56-57.

24 Clausewitz von, Carl, Vom Kriege, Berlin: Dümmlers Verlag, 1832: 1. Teil, I. „Erstes Buch. Über die Natur des Krieges", 1. Kapitel „Was ist der Krieg?", 24. „Der Krieg ist eine blosse Fortsetzung der Politik mit anderen Mitteln", Digitalisat.

an der Universität Basel lehrte, aus dem Jahr 1905[25] kombiniert: „‚Intelligence' ist die Fortsetzung des Krieges, indem sich eine Macht heimlich in die Angelegenheiten einer anderen Macht einmischt."[26]

Peter Gill and Mark Phytian stützen sich 2004 auf die drei erwähnten Merkmale von Sherman Kent, „Knowledge", „Activity" und „Organization", und ergänzen sie um eine Zweckkomponente: „‚Intelligence' ist ein Sammelbegriff, der eine ganze Bandbreite geheim durchgeführter Aktivitäten abdeckt, vom Auskundschaften über die Informationsbeschaffung zur Analyse und Weiterverbreitung, mit der Absicht, relative Sicherheit zu erhalten oder zu erhöhen, indem vor Bedrohungen oder möglichen Bedrohungen gewarnt wird, sodass eine präventive Politik oder Strategie, falls erwünscht mit verdeckten Aktivitäten, rechtzeitig verankert werden kann."[27]

Kurz, bis heute existiert keine allgemein akzeptierte Definition von „Geheimdienst" oder „Intelligence", obwohl sich

---

25 Oppenheim, Lassa, International Law. Peace, Vol. I., London, New York and Bombay: Longmans, Green, and Co., 1905, Part I. „The Subjects of the Law of Nations", Chapter II. „Position of the States within the Family of Nations", VI. „Intervention", S. 181: „§ 134. Intervention is dictatorial interference by a State in the affairs of another State for the purpose of maintaining or altering the actual condition of things", Digitalisat: http://gallica.bnf.fr/ark:/12148/bpt6k93562g; Zimmermann, Andreas, Oppenheim, Lassa, in: Neue Deutsche Biographie (NDB), Bd. 19, Duncker & Humblot, Berlin 1999, S. 566f., Digitalisat; http://de.wikipedia.org/wiki/Lassa_Oppenheim.

26 Der Derian, James, Anti-Diplomacy, Intelligence Theory and Surveillance Practice, in: Intelligence and National Security, Special Issue on Espionage: Past, Present, Future? Vol. 8, Nr. 3, July 1993, London: Frank Cass & Co. LTD., S. 31.

27 Gill, Peter / Phytian, Mark, Issues in the Theorization of Intelligence, Paper presented at the International Studies Association Conference in Montreal, March 2004; von der Autorin übersetztes Zitat nach Blancke, Stephan, Private Intelligence, S. 53.

viele Autoren darum bemühen.[28] Die erwähnten Beispiele demonstrieren, wie vielschichtig und mehrdeutig der Begriff ausgelegt wird. Es wiederspiegeln sich unter anderem Aspekte, die mit der jeweiligen Entstehungszeit – seit den islamistischen Terroranschlägen auf die USA vom 11. September 2001 werden vermehrt Sicherheitsaspekte und die Fähigkeit, Ereignisse vorhersagen zu können, einbezogen[29] – , mit dem beruflichen Hintergrund der Autoren, sei es aus dem Geheimdienstwesen sei es aus der Wissenschaft, und mit den gerade vorherrschenden Forschungstendenzen zusammenhängen.

Hauptsächlich fällt eine semantisch-bedingte Doppeldeutigkeit auf: Der Begriff „Intelligence" bezieht sich zum einen

---

28 Peter Jackson und Jennifer Siegel brachten 2005 die Problematik auf den Punkt: „..., it is very difficult to make confident judgements about exactly what intelligence is and precisely how it influences decision making. It may be that this imprecision is inevitable and should be accepted in order to avoid erecting artificial barriers around the study of the subject." Ähnlich äussert sich rund zehn Jahre später Michael Herman, Oxford University; Jackson, Peter / Siegel, Jennifer, Introduction, S. 5; Johnson, Loch K. / Shelton, Allison M., Thoughts on the State of Intelligence Studies: A Survey Report, in: Intelligence and National Security, Vol. 28, Nr. 1, February 2013, Abingdon: Routledge, Taylor & Francis Group, S. 109; Scott, Len / Jackson Peter, The Study of Intelligence in Theory and Practice, in: Intelligence and National Security, Vol. 19, Nr. 2, Summer 2004, Abingdon: Routledge Taylor & Francis Group, S. 141-142; Kahn, David, An Historical Theory of Intelligence, in: Intelligence and National Security, Vol. 16, Nr. 3, Autumn 2001, Abingdon: Routledge Taylor & Francis Group, S. 79.

29 Breakspear, Alan, A New Definition of Intelligence, in: Intelligence and National Security, Vol. 28, Nr. 5, October 2013, Abingdon: Routledge, Taylor & Francis Group, S. 692: „Intelligence is a corporate capability to forecast change in time to do something about it. The capability involves foresight and insight, and is intended o identify impending change, which may be positive, representing opportunity, or negative, representing threat." Der Autor war Mitarbeiter des „Canadian Security Intelligence Service (CSIS)", Berater und Ausbildner in „Competitive Intelligence, Knowledge Management and Strategic Early Warning" und ist nun als selbständiger Geschäftsmann tätig.

auf einen Prozess und zum andern auf ein Produkt dieses Prozesses. Er beinhaltet einerseits das Sammeln von Rohdaten und andererseits das Verarbeiten dieses Datenmaterials zu einem Ergebnis, das als Grundlage im Entscheidungsprozess dient.[30] In Bezug auf letzteres ist von Interesse, ob „Intelligence" mehr als nur Information ist und „Wissen", „Knowledge", bedeutet, das mitunter fehlbar und Kontextsensitiv ist. Diese Auslegung erfordert vertiefte methodologische Untersuchungen.[31]

---

30 Vrist Rønn, Kira / Høffding, Simon, The Epistemic Status of Intelligence: An Epistemological Contribution to the Understanding of Intelligence, in: Intelligence and National Security, Vol. 28, Nr. 5, October 2013, Abingdon: Routledge, Taylor & Francis Group, S. 698-699; Jackson, Peter / Siegel, Jennifer, Introduction, S. 3-4: Die Autoren verweisen auf die Wichtigkeit des Zusammenspiels der Geheimdienstnachrichten, ihrer Bewertung, ihrer Weitergabe und ihres Einflusses auf politische, militärische und / oder wirtschaftliche Entscheidungsprozesse.

31 Vrist Rønn, Kira / Høffding, Simon, The Epistemic Status of Intelligence, S. 694 und 714-715.

Theorie

Es gibt vor allem im angelsächsischen Raum verschiedene Theoriedebatten zur Rolle der staatlichen Geheimdienste und zur Bedeutung von „Intelligence".[32] Dabei wird immer wieder um die Kernfrage „Theorie versus Praxis" gestritten.[33] In den USA wird seit Mitte der 1970er Jahre zum Thema in den „Security Studies", einer Unterdisziplin der „International Relations", der „Internationalen Beziehungen", geforscht und gelehrt.[34] Inzwischen existieren „Intelligence Studies" als eigenständige, wenn auch marginalisierte Studiengänge in England und Nordamerika.[35] In der Schweiz und Deutschland sind es vor allem die Militärwissenschaften – Strategische Studien an der Militärakademie der Eidgenössischen Technischen Hochschule Zürich (ETHZ) – , dazu gesellen sich die Politik-, die Diplomatie-, die Geschichts- und die Kriminalwissenschaft. Zu beklagen ist, dass jede dieser Studienrichtungen meist einen eigenen Weg einschlägt und ein eigenes Ziel verfolgt.

Lange beherrschten angelsächsische Historiker das Forschungsgebiet. Sie legten Inhalte fest und lancierten empi-

---

32 Wark, Wesley K., Introduction: Study of Espionage: Past, Present, Future?, in: Intelligence and National Security, Special Issue on Espionage: Past, Present, Future?, Vol. 8, Nr. 3, July 1993, London: Frank Cass & Co. LTD., S. 2: „The intelligence revolution, which had been manifesting itself throughout the course of the twentieth century, finally found an echo in a scholarly revolution in the last quarter of the century."

33 Johnson, Loch K. / Shelton, Allison M., Thoughts on the State of Intelligence Studies, S. 110.

34 Fry, Michael G. / Hochstein, Miles, Epistemic Communities: Intelligence Studies and International Relations, in: Intelligence and National Security, Special Issue on Espionage: Past, Present, Future?, Vol. 8, Nr. 3, July 1993, London: Frank Cass & Co. LTD., S. 16-17.

35 Johnson, Loch K. / Shelton, Allison M., Thoughts on the State of Intelligence Studies, S. 116-117.

rische Untersuchungen für die Zeit vor dem Zweiten Weltkrieg. Indem sie in den Archiven nach Quellen gruben, Evidenzregeln und Typologien schufen, waren sie konzeptuell und methodisch an der Entwicklung der „Intelligence Studies" beteiligt. Sie produzierten sozial-, politik- und militärgeschichtliches Kontextwissen für die Geheimdienstforschung.[36]

Die Disziplin der „Internationalen Beziehungen", die stark von Politikwissenschaftlern geprägt ist, hat die Geschichte als Laboratorium für Fallstudien und als Basis für vergleichende Forschung entdeckt, aber ihr Haupttummelfeld beschränkt sich auf die Zeit nach 1950. Ihre Untersuchungen stützen sich wesentlich auf die Entscheidungstheorie und die Theorie der rationalen Entscheidung.[37]

Das Handeln der Akteure im Bereich „Intelligence" war und ist sehr politisch.[38] Aber was wissen wir über die Abhängigkeit und das Zusammenspiel von politischem Handeln und dem Handeln der Geheimdienste, das in Kriegs- wie Friedenszeiten vor der Öffentlichkeit verborgen wurde und wird und somit oft auch akademischen Kreisen nicht zugänglich war und ist?

Der englische Zeithistoriker Martin Wight, der sich auf „Internationale Beziehungen" spezialisierte und als Pazifist den Militärdienst im Zweiten Weltkrieg verweigerte,[39] geht in seinem 1977 posthum erschienen Buch „Systems of States"

---

36 Fry, Michael G. / Hochstein, Miles, Epistemic Communities, S. 15.

37 Ib., S. 17-18 und 25-26: „However, to continue to theorize about intelligence as if it was not a communicative inter-state enterprise, deeply entwined not only in domestic bureaucracy but also in the practice of international politics, would be to do intelligence studies a disservice. The intelligence activities of peacetime, no less than those of wartime, are a vast bureaucratic and intellectual exercise in international epistemology."

38 Blancke, Stephan, Private Intelligence, S. 60.

39 http://de.wikipedia.org/wiki/Martin_Wight.

ins historische Detail. Er zeigt unter anderem das Gleich-
gewicht von Macht, Diplomatie und besonders Spionage
auf und erinnert an die Rolle der Individuums in den Ge-
heimdienstapparaten: „Den Spion sollte man nicht vergessen. Er ist zu allererst ein Mittel, Nachrichten zu beschaffen,
manchmal auch auszutauschen. Im modernen Westen ist die
Welt der Geheimdienste, der Spionageabwehr und der Dop-
pelagenten als Gegenbild des Staatssystems beschaffen: die
dunkle Seite einer wechselseitigen Abhängigkeit."[40]

Auf der Suche nach einem theoretischen Rahmen über-
schneiden sich politikwissenschaftliche und historische Klä-
rungsversuche. Das hängt mit den schlechten Forschungs-
bedingungen zusammen: „Geheimdienste existieren in
vielen Ländern seit sehr langer Zeit und spielen seit ihrer
Entstehung eine zumeist wichtige Rolle in der Innen- und
Aussenpolitik. Von Beginn an jedoch versuchten Geheimdienste, ihre Er- beziehungsweise Ausforschung zu verhindern, ... Eine Theorie, die intelligence erklärt, muss sich
jedoch auch mit operativen Vorgängen auseinandersetzen
– eben jenen Vorgängen, welche nicht bekannt werden sollen. Dazu gehören covert operations, aber auch Fragen nach
‚gewöhnlicher' Informationssammlung oder der Motivation
des Personals."[41]

---

40 Wight, Martin, Systems of States, ed. by Hedley Bull, Leicester:
Leicester University Press 1977, S. 30.

41 Blancke, Stephan, Private Intelligence, S. 223-224; Hoare, Oliver,
Introduction, in: Hoare, Oliver (Ed.), British Intelligence in the Twentieth Century: A Missing Dimension?, Special Issue, in: Intelligence
and National Security, Vol. 17, Nr. 1, Spring 2002, London: Frank Cass
& Co. LTD., S. 1: „The Conference, entitled ‚The Missing Dimension?
British Intelligence in the 20th Century', was designed to investigate
the impact of recent open government initiatives, begun in the early
1990s, and continuing with the recent Freedom of Information Act, on
the study of intelligence, together with the wider reverberations of intelligence upon military, diplomatic and international history."

Weil „Intelligence" sich in zahlreichen Feldern bewegt und selbst mit verschiedenen Disziplinen operiert,[42] stellt sie ein multidisziplinäres Gebiet dar, das die interdisziplinäre Zusammenarbeit von Politikwissenschaftlern, Historikern, Organisationstheoretikern, Psychologen und Soziologen geradezu herausfordert. Für die Erforschung von sozialen Netzwerken und sozialer Kommunikation bietet sich die Soziologie in den Augen von Rob Johnston an, der der CIA (Central Intelligence Agency) nahesteht.[43] Der Arcanum-Charakter des Begriffs aber bedarf zusätzlich aller Art von wissenschaftlichen Spezialisten.[44]

Das Verdikt des amerikanischen Zeithistorikers Walter Laqueur, das er 1985 in seiner massgebenden Publikation „World of Secrets. The Uses and Limits of Intelligence" fällte, gilt weiter: „Alle Versuche, eine tragfähige Theorie von Geheimdienst zu entwickeln, sind gescheitert. ... und so bleibt Geheimdienst eine umstrittene und komplizierte Angelegenheit".[45]

Auf der Suche nach der theoretischen Verortung des mehrdeutigen Begriffs „Intelligence" müssen wir wieder zu den Anfangsfragen zurückkehren: Was ist „Intelligence" eigentlich? Was ist ihr Zweck? Welche Akteure betreiben „Intelligence"? Wie verstehen diese Akteure „Intelligence"? Und auf welchen Feldern tummeln sie sich? Welche Wirkung zeigt „Intelligence"? Wie bedeutend ist „Intelligence" überhaupt?

---

42 Blancke, Stephan, Private Intelligence, S. 226.

43 Johnston, Rob, Developing a Taxonomy of Intelligence Analysis Variables, in: CIA Studies on Intelligence, Vol. 47, Nr. 3, 2003, S. 8, www.cia.gov (19.09.2007); zitiert nach Blancke, Stephan, Private Intelligence, S. 227.

44 Johnson, Loch K. / Shelton, Allison M., Thoughts on the State of Intelligence Studies, S. 116-117.

45 Laqueur, Walter, World of Secrets. The Uses and Limits of Intelligence, London: Weidenfeld and Nicolson, 1985, S. 8.

Forschung

Einverständnis besteht, dass Geheimdienste weder Politik noch militärische Macht ersetzen können.[46] Ob Regierungsarbeit ohne Geheimdienste funktionieren kann, wird bestritten.[47] Man geht davon aus, dass Geheimdienste Einfluss auf Regierungen und ihre Politik haben.[48]

Trotzdem blieb die Rolle der Geheimdienste lange in der Diplomatie-, Militär- und Politikgeschichte sowie in der Soziologie ausgeklammert. Der britische Diplomat Sir Alexander Cadogan, der während des Zweiten Weltkriegs im Foreign Office für den Geheimdienst zuständig war, nannte es „The Missing Dimension", „die fehlende Grösse".[49] Wolfgang Krieger, Professor für Neuere Geschichte an der Philipps-Universität Marburg und Leiter eines Arbeitskreis für internationale Geheimdienstgeschichte, bedauerte 2003, dass „die Geheimdiensthistoriographie ein weithin unbestelltes Feld" in Deutschland sei.[50] Das gilt auch für die Schweiz.[51] Weshalb?

Eine Erklärung vermittelt der Schweizer Historiker und Demokratietheoretiker Adolf Gasser, der seit 1950 ausserordentlicher Professor für Allgemeine Verfassungsgeschich-

---

46 Ib., S. 338.

47 Jackson, Peter / Siegel, Jennifer, Introduction, S. 2.

48 Christopher, Andrew, Intelligence, International Relations and ‚Under-theorisation', in: Intelligence and National Security, Vol. 19, Nr. 2, Summer 2004, Abingdon: Routledge Taylor & Francis Group, S. 172-173.

49 Andrew, Christopher / Dilks, David (Eds.), The Missing Dimension. Governments and Intelligence Communities in the Twentieth Century, London: Macmillan, 1984, S. 1.

50 Krieger, Wolfgang, Einleitung, S. 16-17.

51 Braunschweig, Pierre-Th., Geheimer Draht nach Berlin. Die Nachrichtenlinie Masson-Schellenberg und der schweizerische Nachrichtendienst im Zweiten Weltkrieg, Zürich: Verlag Neue Zürcher Zeitung, 1989, S. 9.

te der mittleren und neuen Zeit an der Universität Basel war.[52] Er schrieb 1983: „Historikern bleibt die Sphäre des Geheimdienstes meistens verschlossen. Seine Agenten sind verpflichtet, möglichst nichts Schriftliches aus der Hand zu geben und bis zum Lebensende Stillschweigen zu bewahren. Darum liegt ihr Wirken fast immer im Dunkeln und lässt, wo es doch ‚zipfelweise' sichtbar wird, nur Raum zu Vermutungen, die sich echter Wahrheitskenntnis entziehen. Die Wissenschaft hält sich darum von dieser Materie besser fern."[53] Gassers Haltung verwundert nicht wenig, hatte er doch während des Zweiten Weltkriegs mit dem schweizerischen militärischen Nachrichtendienst zu tun und dabei auch den in Luzern wohnhaften deutschen Emigranten und „Meisterspion" Rudolf Roessler kennen gelernt,[54] der mit den Schweizern zusammenarbeitete, aber auch Nachrichten dem sowjetrussischen Spionagenetz in Genf weitergab.[55] Richtig ist, dass „Intelligence", weil sie auf Geheimhaltung macht, oft wenige eindeutige Spuren hinterlässt. Methodisch von Nutzen ist deshalb ein umfassendes Kontextwissen, das man aus öffentlich zugänglichen Quellen, aus Internet, Presse, Radio, Fernsehen, Fachpublikationen, wissenschaftlicher und technischer Literatur, beziehen kann.[56] Die Werke von Journalisten und Publizisten sind mit Vorsicht zu integrie-

---

52 http://www.hls-dhs-dss.ch/textes/d/D27040.php: Schibler, Thomas, Adolf Gasser, in: Historisches Lexikon der Schweiz.

53 Gasser, Adolf, Ausgewählte historische Schriften 1933-1983, Basler Beiträge zur Geschichtswissenschaft, Bd. 148, Basel: Helbling & Lichtenhahn, 1983, S. 226.

54 Braunschweig, Pierre-Th., Geheimer Draht nach Berlin, S. 328, Anm. 3.

55 Broda, May B., Ein Meisterspion wird kaltgestellt. Neue Erkenntnisse über die Verurteilung der beiden Ostagenten Roessler und Schnieper, NZZ, 19.3.1998; Dies., Spione in Luzern. Vom heissen in den Kalten Krieg, Spuren der Zeit, Dokumentarfilm, SRF 1998.

56 Krieger, Wolfgang, Einleitung, S. 7-8.

ren. Manches Mal finden sich auch interessante Hinweise in der Populärliteratur.

Die Geheimhaltung durch die Staaten und Organisationen wirkt sich in langjährigen Archivsperren aus, die dank parlamentarischen Untersuchungen und „Whistleblowern" aus Geheimdienstkreisen teilweise geknackt wurden und werden. Das ist trotz der gegenwärtig erstaunlichen Deklassifizierung verschiedener geheimdienstlicher Bestände weiterhin ein Problem.[57]

Vielfach wird der Zugriff auf das freigegebene Aktenmaterial via Internet dargeboten, was neue andersgeartete Analysetechniken verlangt. Die neuen Technologien und Datenflüsse mit ihrer stetigen Veränderung stellen eine weitere Herausforderung dar. Das Sammeln, Sichten, Evaluieren, Relativieren und Interpretieren der Quellen bleibt mit grossem Aufwand verbunden.

Ständig und überall muss man vor gewollter oder ungewollter Falsch- oder Desinformation auf der Hut sein.

Der qualitative Zugang erfolgt oft über Einzelfallbeispiele, was eine Generalisierbarkeit problematisch machen kann.

Die Benutzung von Veröffentlichungen, Manuskripten, Tagebüchern,[58] Briefwechseln und anderen Unterlagen von ehemaligen wie gegenwärtigen Geheimdienstleuten - die Publikation von Autobiographien war zum Beispiel in Gross-

---

57 Vgl. die hier nachfolgenden Beiträge von Roman Weissen und May B. Broda.

58 Trotz ausdrücklichem Verbot führte der Historiker Hugh Trevor-Roper als British Intelligence Officer, SIS, Tagebuch im Zweiten Weltkrieg; Trevor-Roper, Hugh, The Wartime Journals, Richard Davenport-Hines (Ed.), London: I.B. Tauris, 2012; Sisman, Adam, Hugh Trevor-Roper. The Biography, London: Weidenfeld & Nicolson, 2010, S. 77ff.

britannien lange vertraglich verboten[59] - und deren qualitative Befragung sind unverzichtbar.

Wegen des Aspekts der Geheimhaltung verspricht man sich von der mündlichen Überlieferung viel. Einen Zugriff darauf ermöglicht die Forschungsmethode der „Oral History", zu Deutsch „mündlich erfragte, mündliche oder erinnerte Geschichte", die „nach dem individuellen Erleben von Geschichte" fragt.[60] Werden diese Zeitzeugeninterviews als Konstruktionen akzeptiert, „die etwas Neues entwerfen", erlauben „analytische und kritische Verfahren aus verschiedenen Wissenschaftsdisziplinen" ihre Durchleuchtung „auf den Erfahrungshintergrund", sodass „die individuelle erfahrungsgeschichtliche Dimension" sichtbar wird.[61]

Ebenso gilt es immer wieder das eigene Bild von „Geheimdienst", „Intelligence", zu hinterfragen, das man sich unter anderem aufgrund der konsumierten literarischen und filmischen Thriller gemacht hat.

---

59 West, Nigel, MI6. British Secret Intelligence Service Operations 1909-1945, London: Weidenfeld and Nicolson, 1983, S. XIII.

60 Broda, May B., Erfahrung, Erinnerungsinterview und Gender. Zur Methode Oral History, in: Bos, Marguérite / Vincenz, Bettina / Wirz, Tanja (Hrsg.), Erfahrung: Alles nur Diskurs? Zur Verwendung des Erfahrungsbegriffes in der Geschlechtergeschichte, Beiträge zur 11. Schweizerischen HistorikerInnentagung, Zürich 2004, S. 159.

61 Ib., S. 163.

Sibyl Imboden-Eckert

Christlich-humanitäres Ethos

Zum Leben von Hans Eckert

Sehr geehrte Damen und Herren der Universität Basel, lieber Herr Mäder, liebe Freunde und Freundinnen und Angehörige von Hans Eckert, liebe Gäste!

Hans Eckert ist am 22.6.1912, heute vor 100 Jahren geboren, und er starb am 17. Oktober letzten Jahres mit 99 Jahren und fast 4 Monaten.

Wer war Hans Eckert? Er war mein Vater und der Vater meiner beiden hier anwesenden Brüder, Felix Eckert und Lukas Eckert. Und er war vieles mehr: eine aussergewöhnlich vielseitige Persönlichkeit, der man natürlich in einem kurzen Vortrag nicht gerecht wird. Ich versuche, Ihnen anhand von Eigenschaften, die besonders charakteristisch sind für meinen Vater, vier Bilder näher zu bringen. Zuerst aber gibt es eine Vorgeschichte.

Hans Leo Alfred, wie er mit ganzem Taufnamen hiess, wuchs mit seinen drei jüngeren Geschwistern, zwei Brüdern und einer Schwester, im Kleinbasel auf, zuerst an der Feldbergstrasse, später an der Egliseestrasse in einem Haus der Surinam Stiftung. Sein Vater *Alfred Eckert* arbeitete als kaufmännischer Angestellter und bezog bei der Basler Kantonalbank (ich zitiere aus dem Lebenslauf von Hans Eckert) ein „knappes Bankgehalt" – das gab es damals noch! Seine Mutter *Melanie Trautwein* war gelernte Näherin und Büglerin und verdiente sich mit diesen Arbeiten für Nachbarinnen und Freundinnen ein Zugeld. Grossvater *Alexander Eckert*

Abb. 1:   *Hans Eckert, im Juni 2010*

stammte aus Herrischried im Hotzenwald und wurde 1882 mit seiner Familie in der Stadt Basel eingebürgert – zeitlebens behielt Hans Eckert eine Verbundenheit zum alemannischen Raum, was sowohl seine vielen Ausflüge in den Hotzenwald wie auch seine Liebe zu Johann Peter Hebel bezeugen.

Im bescheidenen Haushalt ging es munter und lebhaft zu: jeder Geburtstag, und jedes Familienfest wurde intensiv gefeiert, mit einem „Käsperlitheater" und mit Scharaden, später mit eigenen Theaterstücken und natürlich Schnitzelbänggen – es wurde einerseits ein tiefer Familiensinn gefördert, der Hans Eckert sein Leben lang begleitete, anderseits die Lust am Theater geweckt, die zu einer echten Leidenschaft wurde: er spielte selber Theater im katholischen Jünglingsverein (der späteren Jungmannschaft) der Stadt Basel. Er war ausserdem schon früh ein eifriger Leser und plünderte – nach seinen eigenen Worten – mit Vergnügen die elterliche Bibliothek. So erstaunt es nicht, dass der aufgeweckte Schüler von

Abb. 2: *Alfred und Melanie Eckert-Trautwein, Eltern von Hans Eckert.*

<u>Abb. 3:</u>   *Bürgerbrief der Stadt Basel für Alexander Eckert;*
Juni 1882

seinem Primarschullehrer für das Gymnasium vorgeschla-
gen wurde. 1923 begann er, zum grossen Stolz seiner Mutter
(sein Vater stand diesem Schritt eher skeptisch gegenüber),
die erste Klasse im „Gymnasium auf Burg", wie damals das
Humanistische Gymnasium am Münsterplatz hiess. Die
acht folgenden Jahre schienen ihn nicht sonderlich belastet
zu haben, wir wissen lediglich, dass seine Betragensnoten im
Zeugnis nicht die glänzendsten waren, ja es fand sich sogar
ein Eintrag „schwatzhaft" – wichtiger war das „Maturiteets-
konzärtli", erstmals in diesem Jahr 1931 „Hugy-Bamacon"
genannt, für das sein Klassenkamerad, der spätere Kabarettist und Schauspieler *Lukas Ammann*, ein Theaterstück auf
die Beine gestellt hatte. Die gleiche Gymnasialklasse wie
Hans Eckert besuchte übrigens auch *Ernst Fischli*, der spätere Professor für Strafrecht, Verwaltungsrecht und Staats-

recht an der hiesigen Universität. Lukas Ammann ist übrigens der letzte Überlebende dieser Klasse – noch letzten Sommer hat mir mein Vater am Telefon von der anstehenden Klassenzusammenkunft berichtet und mir auf die diesbezügliche Frage geantwortet „da waren's nur noch zwei"! Es folgten der Studienbeginn an der juristischen Fakultät der Universität Basel und der Eintritt in die akademische Gesellschaft *Renaissance*, die weitere Theateraktivitäten erlaubten, wovon vor allem die Aufführung einer italienischen Komödie in Erinnerung blieb: es spielte dort nämlich ein gewisser *Werner Belmont* die Hauptrolle! Belmont wurde ebenfalls Kabarettist und SBB-Propagandist und schuf den bekannten Slogan „Der Kluge reist im Zuge". Besonders wichtig wurden in dieser Zeit die studentischen Arbeitslager, die vom Schweizerischen Studentenverband organisiert wurden. Dabei wurden Arbeitseinsätze an Strassenbauten zur Erschliessung der Alpengebiete geleistet, u.a. verbrachte Hans Eckert damit Semesterferien im Münster- und im Calancatal. Da war es denn auch, dass er seine Studienkollegin *Annemarie Meier* aus Liestal kennenlernte, die als Köchin mitkam. Ein Funke sprang über und entfachte ein Feuer, das beinahe 70 Jahre lang eine intensive Partnerschaft nährte!

Von nun an wurde alles gemeinsam angegangen, allem voran die Doktorarbeit, die beide beim damals beliebtesten Dozenten schrieben, bei Professor *Robert Haab*, dem Privatrechtler. Hans Eckert, seinen Neigungen entsprechend, schrieb zum Thema „Die Veröffentlichung urheberrechtlich geschützter Werke", eine umfangreichen Arbeit. Daneben wurde er von seiner Freundin in die Liestaler Gesellschaft eingeführt. Annemarie stammte aus einer akademischen, gutbürgerlichen Familie. Ihr Vater *Eugen Meier*, Anwalt in Liestal und Artillerie-Oberst, der im 2. Weltkrieg die Gotthardfestung kommandierte, und ihre Mutter *Else Bachem*, Tochter eines Ingenieurs der Gotthardbahn, waren ein in Liestal wohlbe-

Abb. 4:   *Annemarie Meier aus Liestal, 1933*

Abb. 5:   *Hans Eckert, um 1934*

kanntes Paar, das ein gastliches und offenes Haus führte, in dem der mittlerweile „schöne Hans" Genannte gerne ein- und ausging. Eine neue Lebensweise mit gesellschaftlichen Ereignissen und einer liberalen Atmosphäre eröffnete sich dem jungen, in eher bescheidenen Verhältnissen aufgewachsenen Studenten – er vergass es denn auch nie während seiner langen Ehe mit Annemarie, ihr immer wieder dafür zu danken und uns daran zu erinnern, wie er ohne ihre Hilfe nicht zu dem geworden wäre, der er war! Annemarie und Hans bestanden 1936 gemeinsam ihr Doktorexamen, was im Kreis der Renaissance gebührend gefeiert wurde. Sie gründeten ihren Hausstand an der Gundeldingerstrasse, und am 1. September 1938 trat Hans Eckert eine Substitutenstelle im Büro *Dr. Ernst Wolf* an, den er alsbald nach dessen politisch bedingten Auswanderung nach Venezuela mit voller Verantwortung im Büro ersetzte, und daneben auch Dr. Wolfs bisherige Tätigkeit bei der Basler Hilfsstelle für Flüchtlinge übernahm (vgl. Beitrag von Hermann Wichers).

1941 bestand Hans Eckert sein Anwaltsexamen, 1945 trat er ein in die Anwaltskanzlei von Dr. iur. *Josy Petitjean* am Rheinsprung 1, und 1948 zogen die Eheleute Eckert mit ihren nunmehr drei Kindern *Felix*, *Lukas* und *Sibylle*, an den Rebberg in Reinach, wo *Ernst Egeler*, ein befreundeter Architekt, ihr schönes Haus gebaut hatte. In dieser glücklich tönenden Zeit spielte sich der Zweite Weltkrieg ab. Hans Eckert schrieb dazu in seinem Lebenslauf: „Im Nachhinein scheint es mir recht sonderbar, dass die Kriegsjahre mit all ihren schrecklichen Ereignissen wenig Einfluss auf unser Alltagsleben hatten; es erscheint mir heute kaum mehr fassbar, dass wir doch ein recht ungestörtes geselliges Leben führten."

Das sind die Jahre, die ich als jüngstes und gerade kurz vor Kriegsende geborenes Kind, nicht mit Bewusstsein erlebt habe – sie scheinen mir aber besonders wichtig, um Hans Eckert in seiner weiteren Lebensgestaltung zu erfassen.

<u>Abb. 6:</u>   *Im Haus der Familie Eckert in Reinach (erbaut von*
Ernst Egeler 1948) V.l.: Hans Eckert, Sohn Lukas,
Tochter Sibylle, Annemarie Eckert-Meier, Sohn Felix,
Weihnacht 1949

Mutig, konsequent, engagiert

Mein erstes inneres Bild ist mit „mutig, engagiert, konsequent" überschrieben. Unser Familienleben spielte sich zu
einem grossen Teil am Esstisch rund ums Nachtessen ab:
mein Vater kam, anders als viele andere Männer in dieser
Zeit, über Mittag nicht nach Hause, sondern blieb mit einem
Picknick in seinem Büro in Basel. Auch hatten wir anfangs
der fünfziger Jahre noch kein Radio, und ein Fernseher war
auch später nie ein Thema. So wurde am runden Tisch aus-
giebig erzählt und zugehört, diskutiert und gestritten. Wir
Kinder hörten von der Tätigkeit unseres Vaters und erlebten menschliche Schicksale zum Teil hautnah mit: so war
das deutsch-jüdische Emigrantenpaar *Enrique Beck* und

Ines Leuwen sehr oft bei uns in Reinach zu Besuch, oder die beiden Algerienflüchtlinge *Larafi* und *Said* tauchten jeweils am Samstag bei uns auf, um unsern Vater bei der Gartenarbeit zu unterstützen und damit einen Teil ihres Anwaltshonorars abzuarbeiten – dass dabei hie und da auch ein herrlich duftender Couscous in unserer Küche entstand, war eine köstliche Nebenerscheinung – später war es selbstverständlich, dass zwei chinesische Studentinnen aus Indonesien während ihrer Medizinstudien an der Basler Universität bei uns Heim und Familienanschluss fanden – und letztes von mir bewusst erlebtes Flüchtlingsschicksal, das mein Vater betreute, war dasjenige der kurdischen Familie Iscan, die sich dank seinem grossen Einsatz in der Schweiz einbürgern konnte. *Ahmet* und *Emi Iscan* haben sich in der Folge über zehn Jahre lang um Annemarie und vor allem Hans Eckert gesorgt und ihre Anstellung im Haus an der Therwilerstrasse als Betreuerpaar mit Anteilnahme und Freundschaft ausgeführt. Bei diesen, unser Familienleben wesentlich tangierenden Entscheidungen, war Annemarie stets eine gute und kritische Beraterin. Bei allem Einsatz auch von ihrer Seite, behielt sie doch immer das Wohl ihrer Familie im Auge und holte ihren enthusiastischen, gefühlvollen Mann auf den Boden der Realität. Sie sehen: Wir waren also, obwohl fernab im damaligen Bauerndorf Reinach, ohne Radio und Fernseher, ins Weltgeschehen eingebettet und erlebten unsern Vater nicht als abgehobenen Juristen, sondern als Anwalt für Menschen in Not.

Die klare und konsequente Haltung unseres Vaters zeigte sich auch in andern Belangen: Eine überdeutliche Erinnerung ist die Geschichte, die wir drei Kinder miterlebten: bei der Predigt im sonntäglichen Hochamt in der katholischen Kirche Reinach verstieg sich der damalige, äusserst selbstherrliche Pfarrer, der schon hie und da mit unserem Vater in hitzige Diskussionen verwickelt gewesen war, zu einem politischen Seitenhieb gegen das Frauenstimmrecht, worauf sich Hans Eckert erhob, sein Messbuch hörbar auf die Bank schlug und laut und deutlich sagte: „nei, Herr Pfarrer!" Nicht nur erwachten sämtliche Sonntagsschläfer und hatten die beiden Kontrahenten rote Köpfe, nein, wir Kinder wären am liebsten in die berühmten Mauslöcher geschlüpft vor Scham – aber vor allem war das kirchliche Ereignis das Stammtischgespräch! Es brauchte einige Zeit, bis wir diesen Zwischenfall in seiner Tragweite erfassten und stolz waren auf die Zivilcourage unseres Vaters! Da kommt mir in diesem Zusammenhang in den Sinn, dass ich, wenn ich jeweils an den Abstimmungssonntagen meinen Vater nach dem Kirchgang zur Stimmabgabe im Gemeindehaus begleitete, selbstverständlich als Mädchen vor dem Gebäudeeingang warten musste...

Natürlich waren auch die politischen Aktivitäten unseres Vaters am Familientisch ein Thema: er betätigte sich mehrere Jahre als Vertreter der damaligen Katholisch-Konserva-

Abb. 7: Hans Eckert (l. aussen) als Gemeinderat in Reinach, um 1954

tiven Volkspartei in der Gemeindekommission, wurde 1953 in den Gemeinderat Reinach gewählt, wo er mit Leidenschaft und gegen einen schwierigen Gemeindepräsidenten den Bau eines Reinacher Gartenbades vorantrieb; anschliessend präsidierte er lange Jahre die Vormundschaftsbehörde.

Sportlich, neugierig, galant...

Mein zweites inneres Bild erinnert mich an einen geselligen und neugierigen, reisefreudigen, sportlichen, stilvollen und galanten Vater. Was ich erst später wirklich erkannte, war, dass er auch ganz selbstverständlich seine weiblichen Seiten lebte: er kochte gern und mit Flair, er war ein kreativer Mitgestalter in unserem Haus, war an Mode interessiert und kleidete sich entsprechend, und er bereitete mit Freude Einladungen, Feste und Reisen vor. Seine Galanterie schien ihm angeboren und bisweilen für uns Kinder besonders in den letzten Jahren etwas bemühend: Nie versäumte er es, seinen ihn begleitenden Damen die Türe offen zu halten, sie vorgehen zu lassen und ihnen aus der Jacke zu helfen, selbst dann nicht, als er schon lange mit seiner altersbedingten verminderten Körpergrösse und zwei Nordic Walking Stöcken zu kämpfen hatte. Nicht ohne Grund wurde er in Reinach „der letzte Gentleman" genannt.

Hans Eckert pflegte bis in seine letzten Lebensjahre einen sehr grossen Freundeskreis, der sich aus Beruf, *Renaissance*, ehemaligen Klassen- und Studienkollegen und Reisefreunden zusammensetzte. Die vielen Reisen führten ihn vor allem nach Südeuropa: Italien, Spanien und Griechenland – in diesem Zusammenhang erinnere ich mich an die 1951 erlebte Familienreise an die Costa Brava, ein damals nicht ganz einfaches Unternehmen, galt es doch mehrere Züge und Taxifahrten zu organisieren – aber welch ein Paradies trafen wir dann nach der langen Reiserei an: menschenleere, unverbaute Strände! Natürlich sind da auch die Erinnerungen an viele Frankreichreisen, allem voran an die Burgunderfahrten mit der Familie seines langjährigen Kollegen und Freundes *Charles Liatowitsch*, die jedes Mal zu kulturellen und kulinarischen Höhenflügen wurden. Unvergessen bei diesen Reisen sind

<u>Abb. 8:</u>   *Hans Eckert am Strand von Palafrugell*
(Costa Brava), um 1952

die spannenden christlich-jüdischen Dispute zwischen den
beiden Freunden, die sie übrigens bis ins hohe Alter bei ihren gemeinsamen sonntäglichen Mittagessen pflegten! Lieb-
geworden ist meinem Vater auch die Gegend der Bresse, wo
Reinhardt Stumm ihn in den letzten Jahren öfters beherbergt
und verwöhnt hatte, und besonders verbunden fühlte er sich
mit dem französischen Jura, wo sein ältester Sohn mit seiner
Frau viele Jahre eine Auberge geführt hatte. Daneben war
Hans Eckert vor allem ein passionierter Fussgänger und Ve-
lofahrer – er war ein Grüner der ersten Stunde, besass nie
ein Auto und marschierte 1975 mit seiner Frau Annemarie
mit beim Protestmarsch gegen das AKW Kaiseraugst. Auf
dem Velo fühlte er sich wohl und frei, konnte auch bei Gelegenheit gegen einen aggressiven Autofahrer ausschlagen und
fuhr bei Wind und Wetter jeden Tag die sieben Kilometer von
Reinach an den Rheinsprung und abends wieder zurück, nur

gerade mit den berühmten Veloklammern ausgerüstet, die Velotaschen vollbepackt mit Akten und Mittagslunch. Dass er als Anwalt mit seinem Göppel, wie er sein Raleigh-Velo liebevoll nannte, vor dem Gericht erschien, wo der eine oder andere seiner Klienten im modischen Amischlitten vorfuhr, war in Basel legendär! Das Velofahren musste er allerdings, auf dringenden Wunsch seiner Frau, im hohen Alter aufgeben: ein paar mehr als abenteuerliche Stürze sorgten bei Annemarie für Aufregung und Besorgnis! Als kleine Kinder durften mein Bruder Lukas und später ich jeweils auf dem Kindersattel, der auf Vaters Velostange montiert war, bei Ausflügen mitfahren – Lukas hat mir letzthin erzählt, dass er sich noch erinnern kann, wie er während des Krieges auf diese Weise mit dem Vater durch die Langen Erlen kurvte, um bei zufälligen „Verfahrungen" auf der deutschen Seite „blinde Briefkästen" zu leeren.

Dass Hans Eckert die Familie, ihr Gedeihen und das Gefühl von Zusammengehörigkeit am Herzen lag, zeigte sich bis ins hohe Alter: 2008 (da war er 96) organisierte er ein Treffen mit den Eckert-Nachkommen im Hotzenwald : In Albbruck steht ein Gedenkstein für vier rebellische Salpeterer, die dem allmächtigen Abt von St. Blasien keinen Gehorsam zollten und deswegen hingerichtet wurden. Einer davon ist *Michael Eckert*, ein direkter Vorfahr unseres Vaters, der 1739 enthauptet wurde und zu dessen Angedenken wir einen Kranz niederlegten!

Sprachbewusst, belesen, historisch interessiert

Mein drittes inneres Bild trägt den Titel sprachbewusst, belesen und historisch interessiert. Hans Eckert liebte die Sprache ganz allgemein, im besonderen aber seinen Dialekt, den er bewusst pflegte, ohne dass er ein Daig-Baseldytsch sprach! Hie und da hörten wir früher scharfe Korrekturen, wenn wir mit unserem Reinacher Schulslang nach Hause kamen... Auch war er persönlich beleidigt, wenn niemand mehr „Sparse" und „Schungge" sagte oder verstand, und konnte jeweils in aller Öffentlich ganz direkt zu jemandem sagen: „Si, däm sait me denn Gugge – nid Babiersagg!" Seine Liebe zur Stadt und sein Interesse an ihrer Geschichte zeigte sich auch in einer umfangreichen Bibliothek über die Stadt Basel in seinem Nachlass. Ja, Bücher überhaupt – Bücher waren seine Leidenschaft! Er steckte uns früh an mit seinem literarischen Interesse: ich denke zurück an viele „verlesene" Familien-Sonntage oder an die allwöchentlichen Gänge in die Schulbibliothek oder die Lesegesellschaft.... Es überrascht deshalb nicht, wir erinnern uns an seine Dissertation, dass Hans Eckert sich schon neben seiner beruflichen Tätigkeit als Anwalt, besonders aber nach Aufgabe der gerichtlichen Tätigkeit, intensiv mit der Heinrich Enrique Beck Stiftung beschäftigte, deren Sekretär er beinahe 25 Jahre lang war. *Enrique Beck*, den er von der Flüchtlingsstelle her kannte, und dem er sowohl als Anwalt wie auch als Freund sehr verbunden war, war Schriftsteller und Übersetzer der Werke von Federico Garcia Lorca. Beck war 1934 als Nazi-Flüchtling nach Spanien gereist und hatte dort Lorcas Lyrik kennen gelernt, allerdings erst 1936, kurz nach Lorcas Ermordung. 1938 kam Enrique Beck als Flüchtling in die Schweiz, wo er sich ganz der Übersetzung des Werkes von Lorca widmete und sich mit knapper Not über Wasser halten konnte. Von Lorcas Bruder hatte Beck 1946 das alleinige Übersetzungsrecht in die deutsche Sprache erwirkt. Seine Frau *Inès Leuwen*, die eine Tochter aus erster Ehe von Thea Sternheim mit Arthur Loewenstein war (Thea Sternheim lebte übrigens ihre letzten Jahre in Basel) rief 1976, nach Becks Tod, eine Stiftung ins Leben: zur Veröffentlichung und Verbreitung der literarischen Werke Heinrich Enrique Becks. Hans Eckert hatte mit dieser Arbeit ein breites Wirkungsfeld gefunden; mit viel

<u>Abb. 9:</u> *Einweihung des Anne Frank-Platzes in Birsfelden*
2009, Hans Eckert mit Buddy und Gerti Elias (v.l.)

Hingabe verfolgte er die Ziele der Stiftung und verfocht aufs hartnäckigste die Übersetzungs- und Veröffentlichungsrechte Becks. Er förderte und begleitete die Herausgabe des von Enrique Beck übersetzten Werkes von Lorca, verhandelte mit Verlegern, reiste zu Lorca-Theater-Aufführungen im ganzen deutschsprachigen Raum und gedachte jeweils mit einer kleinen Feier der runden Todestage des grossen spanischen Dichters. Eine weitere wichtige Bücher-Erinnerung, die mich mit meinem Vater verknüpft, ist die Tatsache, dass er der Testamentsvollstrecker von *Otto Frank* war, dem Vater von Anne Frank und in dieser Funktion das Original des berühmten Tagebuches eigenhändig von Basel nach Holland brachte! Das Bild Nr. 9 zeigt Hans Eckert 2009 anlässlich der Einweihung des Anne-Frank-Platzes in Birsfelden, dem letzten Wohnort von Annes Vater – zusammen mit *Buddy Elias*, „unserem" beliebten Basler Schauspieler und Cousin Anne Franks, und seiner Frau *Gerti Elias*.

Würdig, bescheiden, selbstbestimmt

Mein letztes Bild ist das intensivste, ich sehe meinen Vater würdig, bescheiden und selbstbestimmt. Der letzte Lebensabschnitt von Hans Eckert spiegelt noch einmal in hohem Masse seine Energie und seine Lebensfreude wider: Als im Juni 2001 seine langjährige Gefährtin Annemarie starb, war uns, der Familie, nicht klar, wie unser Vater diesen für ihn immensen Verlust verkraften würde. Er war damals 89 Jahre alt. Er entschied sich fürs Weiterleben! Bereits zu seinem 90. Geburtstag überraschte er uns gänzlich, indem er in Eigenregie mehr als 100 Gäste zu einem sommerlichen Fest in den Garten des Bottmingerschlosses einlud! Eindrücklich war für uns Kinder zu sehen, wie es unserem Vater bis ins hohe Alter gelang, und wie sehr ihm daran gelegen war, Leute miteinander bekannt zu machen – über alle Grenzen von Alter, Herkunft, Religion und Philosophie hinweg.
Mit eiserner Disziplin, was seine gesundheitlichen Belange betraf, und gleichzeitig mit einem Gefühl von „in-den-Tag-hinein-leben", gestaltete er äusserst bewusst die letzten Jahre in seinem Haus in Reinach, kochte selber, empfing Gäste, ging in Konzert und Theater, las, diskutierte gerne mit seinen Freunden, Kindern, Enkeln und Urenkeln, und war dankbar für die vielen freundschaftlichen Zuwendungen. Bei alledem blieb er der bescheidene Gentleman, der auch mit 99 seinen Spitex-Besucherinnen noch die Jacke abnahm.

Nach einem Sturz in seinem Haus und zwei Tagen ohne Bewusstsein im Universitätsspital Basel ist er am 17. Oktober 2011 ruhig in die geistige Welt hinüber geglitten.

Otmar Hersche

Schweizer Flüchtlingspolitik

Pressekritik, Zensur und Widerstand

Die Einladung zu dieser Veranstaltung hat mich in einige
Verlegenheit gebracht. Ich kannte Hans Eckert so, wie man
jemanden kennt, den man mit einer gewissen Regelmässig-
keit an Tagungen trifft. Von seiner Vergangenheit wusste ich
nichts.

Renaissance

Wir waren beide Mitglieder der *Renaissance*-Gesellschaft, er
der Renaissance Basel, ich der Renaissance Fribourg. Weitere Gesellschaften gab es in Bern und in Zürich. Ich habe die
Renaissance als Alternative zum Schweizerischen Studen-
tenverein, zum „StV", also zur katholischen Kaderorganisa-
tion für politische und militärische Posten in Erinnerung.
In der Renaissance trafen sich Studierende, die nichts von
farbentragenden Studenten und nichts von Stammtisch-Ri-
tualen hielten, sondern über den eigenen Fachbereich hinaus
Kontakte suchten. Die einzelnen Gesellschaften, die ich erwähnt habe, waren in ihren Aktivitäten völlig autonom. Sie
waren locker organisiert und locker miteinander in einem
Verband verbunden, und zwar so locker, dass ihre Auflösung
still vor sich ging. Heute gibt es die Renaissance nicht mehr;
mit Ausnahme von Basel, wo sich Altherren regelmässig zu
freundschaftlichen Anlässen treffen. Ein Altherrenclub, der
die Erinnerung an die Renaissance wach hält.
Als Studierende haben wir im Rahmen der Renaissance immer wieder spannende Begegnungen erlebt. Ich erinnere

mich zum Beispiel an eine Tagung, zu der wir den Frankfurter Philosophen Max Horkheimer und den Religionsphi-
losophen Bernhard Welte von Freiburg i. Br. eingeladen haben. Ihr Thema hiess: Wahrheit im Denken und Wahrheit im
Glauben. Das war 1968, vielleicht 1969, Horkheimer mit seiner kritischen Theorie war hochaktuell. Viele von uns befanden sich damals innerlich in einem Schwebezustand. Aber
konkrete politische Fragen oder Themen der Zeitgeschichte
kamen kaum je zur Sprache. So blieben uns auch die Aktivitäten von Hans Eckert verborgen. Ich bedaure das heute.
Denn gerade Basel hätte interessante Einblicke zur Situation
der Schweiz im Weltkrieg ermöglicht.

Abschussliste

Ich denke an die Basler Presse (von damals) und an die Basler
Pressekollegen. Albert Oeri, der Chef der Basler Nachrichten
stand auf der Abschussliste der nazideutschen Presseüberwachung, zusammen mit Willy Bretscher, Chef der NZZ und
Ernst Schürch, Chef der Tageszeitung „Bund". Alle drei sollten fristlos entlassen werden, und alle drei blieben auf ihren
Posten und setzten ihren kritischen Kurs fort, so gut es in der
damaligen Situation möglich war. In der Basler Nationalzeitung publizierte Hermann Böschenstein seinen Bericht über
ein jüdischen Paar, das im Sommer 1942 aus Belgien kom-
mend in die Schweiz geflüchtet war und eine Nacht zwischen
den Gräbern des israelitischen Friedhofs in Bern verbracht
hatte, wo es von einem Gärtner entdeckt wurde. Gegen den
Widerstand der Flüchtlingshilfe ordnete die schweizerische
Polizeiabteilung unter ihrem Chef Heinrich Rothmund an,
das Paar sei auszuweisen. Wenig später hörte man, dass der
Mann, 22 Jahre alt, festgenommen und erschossen wurde,
die Frau, 19 Jahre alt, wurde deportiert. Dieser Vorgang löste

in der Schweiz in weiten Kreisen Empörung aus. Die restriktive Flüchtlingspolitik wurde aber fortgesetzt.

„Bannwald"

In Basel gab es vier, zeitweise fünf Zeitungen, fünf Tageszeitungen erschienen in Zürich und Bern. In Luzern erschienen drei, zeitweise vier Tageszeitungen, in St. Gallen drei. Die Blätter waren darauf ausgerichtet, ihr Stammpublikum zu erreichen und die Anliegen ihrer Partei zu vertreten. Etwas pathetisch hat man vom „Bannwald der Demokratie" gesprochen. Dieser Bannwald war von zwei Seiten bedroht Von der nazideutschen Presseüberwachung, die nicht vor direkten Interventionen zurückschreckte. Auf der anderen Seite war die schweizerische Pressekontrolle, die alles verhindern wollte, was die mächtigen Nachbarn im Norden eventuell ärgern konnte. Mit ihren Massnahmen beschränkte sie empfindlich die Pressefreiheit. Diese Massnahmen gingen von der Beanstandung über Vorzensur bis zur Beschlagnahmung einzelner Ausgaben oder im extremen Fall zum Verbot einer Zeitung. General Guisan, einige Offiziere und sogar einzelne Mitglieder der Landesregierung wollten noch weiter gehen. Sie verlangten die Vorzensur für alle Zeitungen, was die Gleichschaltung der Presse bedeutet hätte. Ich bin sicher, dass nur die Vielfalt der politisch, konfessionell und lokal stark verankerten Presse ein solches Vorhaben verhinderte. Und einigen mutigen Journalisten ist es zu danken, dass die Bevölkerung wenigstens wie durch eine Milchglasscheibe die Kriegsereignisse wahrnehmen konnte.

Peter Surava

An dieser Stelle möchte ich an Peter Surava erinnern. Er war während des Krieges Chefredaktor der parteipolitisch unabhängigen Wochenzeitung „Nation". Kompromisslos rebellierte er gegen die Eingriffe der Pressezensur. Wenn ihm die Vorzensur wieder einmal die Publikation eines Artikels oder einer Foto verbot, liess er den dafür reservierten Platz in der Zeitung einfach offen. So erschienen einzelne Ausgaben mit leeren Stellen, die die Eingriffe der Zensur drastisch dokumentierten. In einem Leitartikel in der „Nation", vorgesehen für den 30. Dezember 1943, stellte Surava einige Fragen zur Flüchtlingspolitik, sozusagen Gewissensfragen an die Nation:

„Und die Welt wird fragen: Was habt ihr mit denen getan, die in grösster Not, den Tod im Rücken, an die Türe eures Hauses klopften? Habt ihr gefragt: Wer bist du? Habt ihr gefragt: Was hast Du? Habt ihr, die ihr so viel von Menschlichkeit redet, mit offenen Armen und warmen Herzen eure Türen geöffnet und die Mühseligen und Beladenen, die Getretenen und Geächteten zu euch genommen? Oder habt ihr sie zurückgewiesen in das Meer von Leid und Qual, nachdem sie euch erschöpft und ermattet schon die Hand entgegenstreckten, den flehenden Blick auf das weisse Kreuz im roten Feld gerichtet? Oder habt ihr nicht damals das Gleichnis vom Rettungsboot erfunden, das Boot, das sinken müsse, wenn es überladen werde?"

Dieser Artikel, der unter dem Titel „Über allem: Die Menschlichkeit" erscheinen sollte, wurde von der eidgenössischen Pressezensur verboten. Peter Surava wurde einmal mehr verwarnt wegen unerlaubter Verbreitung von Gräuelpropaganda gegen eine mit der Schweiz „befreundete Macht", gemeint war Nazideutschland.

Aber Surava liess sich nicht erschüttern. Ohne Rücksicht auf persönliche Nachteile kritisierte er weiter. Er forderte sogar den obersten Verantwortlichen für die Flüchtlingspolitik, Bundesrat Eduard von Steiger zum Rücktritt auf. Die Quittung erhielt er kurz nach dem Krieg. Wie in seiner Autobiographie nachzulesen ist, wurde er als politischer Journalist fertig gemacht. Er sah sich gezwungen, mit einem neuen Pseudonym ein neues Arbeitsgebiet als Herausgeber und Publizist zu suchen.

Die meisten Berufskollegen waren vorsichtiger als Surava. Die Flüchtlingspolitik war ein Tabu in der Öffentlichkeit. In den Zeitungen und in den Radionachrichten erhielt das Thema und alles was damit zusammenhängt, nie die Bedeutung, die angemessen gewesen wäre. Und in der wöchentlich ausgestrahlten Weltchronik von J.R. von Salis wurde die nationalsozialistische Judenverfolgung, also die Ursache des Flüchtlingselends nur am Rande erwähnt. Das hat Urs Bitterli in seinem Buch über J.R. von Salis festgestellt.

Spät rehabilitiert

Damit habe ich wohl das Spannungsfeld zwischen Staatsräson, politischer Praxis und Widerstand gegen diese Politik wenigstens skizziert. Das Spannungsfeld war brisant. Wer sich gegen die Weisungen des Bundes z.B. für Flüchtlinge einsetzte, riskierte Strafen. Ich kann mir vorstellen, dass das Engagement von Hans Eckert in diesem Spannungsfeld zu sehen ist. Auch lange nach dem Krieg ist es der offiziellen Schweiz auffallend schwer gefallen, sich der eigenen Kriegsvergangenheit zu stellen. Erst 50 Jahre nach Kriegsende, am 7. Mai 1995, äusserte sich der damalige Bundespräsident Kaspar Villiger in einer Rede vor der vereinigten Bundesversammlung zu den Fehlern der Vergangenheit, das heisst zu der letztlich „unentschuldbaren" – wie er sich ausdrückte –

Flüchtlingspolitik. Und es dauerte weitere Jahre, bis sich das eidgenössische Parlament mit jenen Menschen befasste, die im Widerspruch zu den unmenschlichen Weisungen aus Bern das Richtige und Notwendige taten und dafür von zivilen oder militärischen Gerichten bestraft wurden. Eine parlamentarische Kommission hat in den Jahren 2004 bis 2008 die Rehabilitierung von 137 bis dato unbekannten Flüchtlingshelferinnen und Flüchtlingshelfern festgestellt. 137: das ist eine stolze Zahl. Ich vermute, dass sie nicht abschliessend vollständig ist.

Entwicklung der Schweizer Presse

Es bleibt noch ein Wort zur Entwicklung der Schweizer Presse. Der Bannwald der Demokratie, von dem ich berichtet habe, wurde in den Jahren nach 1970 radikal abgeholzt. Die Folgen sind in den Städten deutlich erkennbar. Basel hat noch eine Zeitung. In Zürich erscheinen bis heute noch zwei Tageszeitungen. Zwei Zeitungstitel gibt es in Bern – aber von zwei Zeitungen zu reden, wäre masslos übertrieben. In Luzern gibt es ein Zeitungsmonopol, ebenso in St. Gallen. Die Veränderungen waren meistens mit grossen Protesten und Demonstrationen verbunden. Ich kenne niemanden, der die Entwicklung gut findet. Auf der anderen Seite sind alle Versuche, Alternativen zu realisieren, bis heute gescheitert. Doch das ist nicht alles. Im Lauf der Jahre ist das ganze Pressesystem, das während Jahren die politische Auseinandersetzung strukturiert hatte, zusammengebrochen. Um die Grössenordnung anzudeuten: Um 1960 zählte man noch 74 Blätter der freisinnigen Richtung, 71 waren CVP-nahe, 17 Zeitungen sozialdemokratisch, 10 Blätter gehörten zur BGB, der Vorgängerin der SVP. Das Spiel der Kräfte verlagerte sich dann kontinuierlich auf die kommerzielle Ebene. Der Kampf um Marktanteile wurde wesentlich. Immer weniger Medienhäuser betreiben und konditionieren jetzt das Zeitungsgeschäft. Kommerzielles Denken und Handeln ist auch in die elektronischen Medien eingedrungen. Dazu kommt neuerdings die totale Digitalisierung, die die Grenzen zwischen den Medien immer mehr verwischt. Das Resultat: Marktgerechte Medien bieten marktgerechte Inhalte. Das hat aber nichts mehr mit dem Bannwald der Demokratie und mit seiner politischen Bedeutung zu tun.

Hermann Wichers

Hans Eckert

Flüchtlingshilfe, Exil, Widerstand und
Nachrichtendienst 1935-1945

Zunächst verwundert, was der Titel des Beitrages mit Hans
Eckert bzw. dem Thema der Veranstaltung „Geheimdienste – Netzwerke und Macht" zu tun hat. Die Antwort darauf
findet sich in Eckerts Biographie und die Geschichte begann
mit seinem Eintritt als Substitut in die Kanzlei von Dr. Ernst
Wolf (1903-1988) im Jahre 1938. Wolf engagierte sich seit
1933 für Flüchtlinge, die er als Anwalt vertrat, und gehörte zu den Mitgründern der 1935 ins Leben gerufenen Basler
Hilfsstelle für Flüchtlinge.[1] Bereits kurze Zeit nach seinem
Stellenantritt in der Kanzlei wurde auch Eckert mit der Betreuung von Flüchtlingen betraut und wuchs dabei rasch
in die Aufgaben der Hilfsstelle hinein, in deren Arbeitsausschuss er bald Einsitz nahm.[2] Dies war der Ausgangspunkt
seines lebenslangen Engagements für die Belange politisch
Verfolgter, die um Asyl in der Schweiz nachsuchten oder anderer hilfsbedürftiger Menschen. 1945 wurde Eckert Präsi-
dent der Basler Hilfsstelle, ein Amt, das er bis zur Auflösung
der Organisation 1956 engagiert ausübte. Er löste Helene

---

1 Zur Geschichte der Hilfsstelle siehe Martin Kamber: Die neutrale
„Basler Hilfsstelle für Flüchtlinge" am Vorabend des Zweiten Welt-
krieges, unveröffentlichte Lizentiatsarbeit, Basel 2001; darin zur Grün-
dungsphase S. 19-30. Zur Biographie Eckerts siehe: Siehe Ueli Mäder,
Humanitäres Engagement. Erinnerungen an den Basler Juristen Hans
Eckert-Meier (1912-2011), in: Basler Zeitung vom 22.6.2012, S. 43.

2 Zur Organisation der praktischen Flüchtlingsarbeit der Hilfsstelle
siehe Kamber (wie Anm. 1), S. 57-83, zum Arbeitsausschuss speziell S.
57-60.

Baumgarten-von Salis (1897-1975) ab, Gattin des ursprünglich aus Deutschland stammenden Basler Rechtsprofessors Arthur Baumgarten (1884-1966)[3], die die Hilfsstelle von 1938 bis 1945 ebenfalls mit grossem persönlichen Einsatz geleitet hatte.

Arbeit in der Basler Hilfsstelle

Durch die Arbeit in der Basler Hilfsstelle kam Hans Eckert vielfach mit deutschen Flüchtlingen in Kontakt. Ein Teil von ihnen waren Kommunisten, was nicht mit einer besonderen politischen Ausrichtung der Hilfsstelle, sondern mit ihrer speziellen Aufgabenstellung auf dem Platz Basel zusammenhing, wo sich auch andere, grössere Hilfswerke engagierten. Zu nennen sind die von der Israelitischen Gemeinde getragene Jüdische Flüchtlingshilfe[4], die von Gewerkschaften und Sozialdemokratischer Partei (SP) ins Leben gerufene Zentralstelle für Flüchtlingshilfe, deren Aufgaben 1940 das Schweizerische Arbeiterhilfswerk übernahm, sowie die Rote Hilfe, eine Vorfeldorganisation der Kommunistischen Partei der Schweiz (KPS).[5] Damit ist auch bereits das religiös bzw. politisch ausgerichtete Tätigkeitsfeld dieser drei Organisationen umrissen. Durch das Raster fielen jene Flüchtlinge,

---

3 Zu Baumgarten siehe Hermann Klenner, Gerhard Oberkofler: Arthur Baumgarten. Rechtsphilosoph und Kommunist. Daten und Dokumente zu seiner Entwicklung, Innsbruck 2003.

4 Noemi Sibold: „... mit den Emigranten auf Gedeih und Verderb verbunden". Die Flüchtlingshilfe der Israelitischen Gemeinde Basel in der Zeit des Nationalsozialismus, Zürich 2002; Dies.: Bewegte Zeiten. Zur Geschichte der Juden in Basel von den 1930er Jahren bis in die 1950er Jahre, Zürich 2010, besonders S. 247-305.

5 Hermann Wichers: Im Kampf gegen Hitler. Deutsche Sozialisten im Schweizer Exil 1933-1940, Zürich 1994, S. 105-140; Björn-Erik Lupp: Von der Klassensolidarität zur humanitären Hilfe. Die Flüchtlingspolitik der politischen Linken 1930-1950, Zürich 2006, besonders S. 53-112 und S. 330-376.

die weder jüdischen Glaubens noch sozialdemokratisch, gewerkschaftlich oder kommunistisch engagiert waren. Alle Flüchtlinge waren aber auf die Unterstützung einer Hilfsorganisation angewiesen, da sie weder arbeiten durften noch staatliche Mitteln für ihre Versorgung bereit standen. Dies betraf im Übrigen auch die vergleichsweise wenigen anerkannten politischen Flüchtlinge, denen die Anerkennung ohne Zugang zu einer Hilfsorganisation nur wenig nützte, da sie nur mit deren finanzieller Hilfe überleben konnten. Einzige Ausnahme waren mehr oder weniger vermögende Flüchtlinge, damals wie heute aber eine eher seltene Ausnahme. Hauptaufgabe aller Hilfsorganisationen war das Einwerben und Sammeln von finanziellen Mitteln, wobei die Basler Hilfsstelle auf einen treuen Kreis von Unterstützern und Geldgebern bzw. -geberinnen hauptsächlich im städtischen Bildungsbürgertum zählen konnte.

Über die Geschichte der Basler Hilfsstelle orientiert die bereits erwähnte, am Historischen Seminar der Universität Basel vorgelegte und leider unpublizierte Lizentiatsarbeit von Martin Kamber. Sie fusst wesentlich auf der Auswertung des Archivs der Hilfsstelle, welches als Privatarchiv 927 im Staatsarchiv des Kantons Basel-Stadt überliefert ist. Die Unterlagen stammen aus dem Besitz von Hans Eckert, der sie 1993 in die Obhut des Staatsarchivs übergab. Sie sollten seiner Ansicht nach in Basel verbleiben, weshalb er auch ein früheres Angebot der Deutschen Bibliothek in Frankfurt, die ein bedeutendes Exilarchiv führt, abgelehnt hatte.[6] Das Archiv umfasst leider nur einen Restbestand der ursprünglichen vorhandenen Unterlagen. Ein wesentlicher Teil wurde mit grösster Wahrscheinlichkeit in den Jahren 1949/50 auf Veranlassung von Helene Baumgarten vernichtet, als sie

---

6 Vgl. dazu den Schriftwechsel in StABS, Aktenbildnerakten PA 927.

mit ihrem Ehemann in die DDR übersiedelte[7], was in Basels akademischen Kreisen einiges zu reden gab. Hinzu kam, dass Helene Baumgarten offenbar bereits in den Jahren 1941 und 1944 ausgesuchte Personendossiers aus den Unterlagen der Hilfsstelle entfernt hatte.[8] Die Vernichtung ist mit Blick auf deutsche Flüchtlinge besonders bedauerlich, da sich Helene Baumgarten laut Hans Eckert die persönliche Betreuung der kommunistischen Flüchtlinge vorbehalten hatte und deren Dossiers niemals aus der Hand gab.[9] Ob die Vernichtung dem Schutz der Flüchtlinge galt – 1941 mit Blick auf eine mögliche Gefährdung der Schweiz durch das bis dahin siegreiche Dritte Reich oder 1944 im Umfeld der Neugründung der Partei der Arbeit (PdA) als Nachfolgeorganisation der Kommunistischen Partei der Schweiz[10] – muss offen bleiben. Doch was hatte die Hilfsstelle überhaupt mit kommunistischen Flüchtlingen zu schaffen, die – wie oben geschildert – eigentlich in die Zuständigkeit der Roten Hilfe fielen? Die Antwort lautet: Zum Jahresende 1940 verbot der Bundesrat die Kommunistische Partei der Schweiz und alle ihr nahe stehenden Organisationen. Dies brachte die bisher von der Roten Hilfe unterstützten kommunistischen Flüchtlinge in grosse Bedrängnis. Allerdings hatten die Behörden kein

---

7 Ebd., Schriftliche Mitteilung von Hans Eckert an das Staatsarchiv Basel-Stadt vom 7. April 1993. Ob sich ggf. Spuren von Helene Baumgartens Engagement für die Hilfsstelle in ihrem Nachlass finden lassen, wäre zu prüfen. Dieser befindet sich wie der Nachlass ihres Mannes in der Berliner Staatsbibliothek. Siehe Eva Ziesche: Verzeichnis der Nachlässe und Sammlungen der Handschriftenabteilung der Staatsbibliothek zu Berlin, Wiesbaden 2002, S. 10.

8 Kamber (wie Anm. 1), S 7.

9 StABS, Aktenbildnerakten PA 927: Protokoll des Gesprächs mit Herrn Dr. Hans Eckert am 1. November 1994 (korrigierte Fassung vom 6.1.1995).

10 Zur Gründung der PdA in Basel und ihrer Vorgeschichte vgl. Charles Stirnimann: Der Weg in die Nachkriegszeit 1943-1948. Ein Beitrag zur politischen Sozialgeschichte des „Roten Basel", Basel 1992, S. 189-212.

Interesse daran, die Kommunisten quasi unbetreut zu wissen. Eine Reihe von ihnen war zwar mittlerweile in Lagern interniert, aber auch internierte Flüchtlinge blieben in der administrativen Obhut des bisherigen Aufenthaltskantons und der für sie zuständigen Hilfsorganisation. Nach einigen Gesprächen mit der eidgenössischen und kantonalen Fremdenpolizei sowie anderen Hilfsorganisationen erklärte sich die Basler Hilfsstelle daher bereit, die Betreuung der in Basel gemeldeten kommunistischen Flüchtlinge zu übernehmen.[11] Ob sich daraus auch Kontakte zu den sehr wenigen (vermutlich vier) nach wie vor illegal in der Stadt lebenden deutschen Kommunisten ergaben, muss offen bleiben. Der bekannteste von ihnen war Paul Bertz (1886-1950) (Pseudonym: Helm), Mitglied des Zentralkomitees der KPD, der 1940 aus dem besiegten Frankreich in die Schweiz floh und bis zum Sommer 1945 rund fünf Jahre von der Polizei unentdeckt in der Wohnung von Philipp (1897-1954) und Marie Goetzinger an der Colmarer Strasse 85 lebte, was mit Blick auf die Zeitumstände eine wirkliche Leistung von Bertz und seinem mit Ausnahme des Logisgebers, einem Beamten des Kantonalen Betreibungsamtes, und seiner Frau leider weitgehend unbekannten Unterstützerkreis darstellt.[12]

Besser als den kommunistischen Flüchtlingen erging es ihren sozialdemokratischen Schicksalsgenossen. Zum einen erhielten sie vom Bundesrat oft die Anerkennung als politische Flüchtlinge, was Kommunisten in der Regel verwehrt wurde, und zum anderen konnten sie mit SP und Gewerk-

---

11 Wichers (wie Anm. 5), S. 135.

12 Zu Bertz illegalem Aufenthalt und seiner Führungsrolle unter den kommunistischen Emigranten in der Schweiz während des Zweiten Weltkrieges siehe Wolfgang Kiessling: Partner im Narrenparadies. Der Freundeskreis um Noel Field und Paul Merker, Berlin 1994, besonders S. 59ff. und S. 89f. Weitere illegal in Basel lebende deutsche Kommunisten waren Walter Plitt und der aus Freiburg im Breisgau stammende Wilhelm Fels (Arthur).

schaften auf eine breite Unterstützung zurück greifen, da deren politische und gesellschaftliche Position in jeder Hinsicht stärker war als die der marginalen Schweizer Kommunisten.[13] Dies galt trotz der im schweizerischen Vergleich relativen Bedeutung der KP auch für Basel, wo die SP seit 1935 die Mehrheit im Regierungsrat stellte und alle vier Regierungsräte, vor allem aber Fritz Hauser und Fritz Brechbühl, sich immer wieder hinter den Kulissen für die emigrierten deutschen Genossen einsetzten. Wie bei den Kommunisten trug das damals noch enge Band der weltanschaulichen Verbundenheit im Rahmen der internationalen Arbeiterbewegung. Dabei gab es durchaus Distanz und Kritik am politischen Kurs von SPD und deutschen Gewerkschaften – vor allem in der Endphase der Weimarer Republik – aber die persönliche Solidarität und Hilfe sowie das Zusammengehörigkeitsgefühl waren davon in der Regel nicht getrübt.

Politische Arbeit von Migranten

Weniger begeistert war man auf Seiten der SP von der illegalen politischen Arbeit der sozialdemokratischen Emigranten, die trotz aller Einschränkungen und des Verbots jeglicher politischer Betätigung durch den Bundesrat, versuchten, vom Basler Exil aus den Kampf gegen das NS-Regime fortzusetzen und ihnen nahe stehende Widerstandsgruppen im südwestdeutschen Raum zu unterstützen. Dass sich die Kommunisten ebenso wenig an dieses Verbot hielten und Verbindungen nach Deutschland pflegten, liegt auf der Hand. Innerhalb der sozialdemokratischen Emigration lebten allerdings die alten Gegensätze zwischen SPD und linkssozialistischen Gruppen weiter. Letztere waren in der Basler Emigrantenszene sehr aktiv. Dass die politischen Grä-

---

13 Vgl. Wichers (wie Anm. 5). Die folgende Darstellung bezieht sich darauf, auf einzelne Belegstellen wird verzichtet.

ben zu den Kommunisten auch in der Emigration nicht zu überbrücken waren, bedarf mit Blick auf deren weitgehend bedingungslose Unterstützung Stalins und seiner Politik keiner weiteren Erläuterung. Für Schweizer waren diese Differenzen manchmal schwer verständlich, fanden sich aus ihrer Sicht doch alle Flüchtlinge in derselben Lage wieder und hatten denselben politischen Gegner. Das dies für eine Verständigung nicht ausreichte und politische Differenzen in der isolierten Situation des Exils oft noch vehementer ausgetragen werden als in der Heimat, ist aber kein besonderes Phänomen der deutschen Emigration während der NS-Zeit, sondern lässt sich auch bei anderen Exilbewegungen beobachten.

Hatte Hans Eckert mit kommunistischen Flüchtlingen in seiner Funktion als Mitarbeiter der Basler Hilfsstelle Kontakt, so kam er mit dem Kreis der sozialdemokratischen Emigranten wohl erst im Laufe des Krieges in nähere Verbindung. Dies ergab sich – soweit ich sehe – aus seiner Tätigkeit für den militärischen Nachrichtendienst. Eventuell gab es über die sozialdemokratische Flüchtlingshilfe oder andere Kanäle auch schon vorher Berührungspunkte, dies muss aber offen bleiben. In jedem Fall kann man vermuten, dass Basler Sozialdemokraten Interesse daran hatten, die Kenntnisse ihrer deutschen Genossen über die Situation in Deutschland bzw. das Treiben deutscher Nationalsozialisten in der Schweiz den zuständigen Schweizer Stellen zugänglich zu machen.

Heinrich Georg Ritzel (1893-1971)

Eine wichtige Rolle spielte hierbei Heinrich Georg Ritzel (1893-1971), der seit dem Juni 1935 in Basel lebte.[14] Er war offiziell kein politischer Flüchtling, sondern unterstand als ehemaliger Beamter des Völkerbundes im Saarland einem besonderen, aber seitens der Bundesbehörden nicht immer unumstrittenen Aufenthaltsstatus. Dies verschaffte ihm Möglichkeiten, die anderen Emigranten nicht oder nur erschwert offen standen. Ritzel war ein erfahrener Politiker und Verwaltungsfachmann. Von 1919 bis 1930 wirkte er als Bürgermeister von Michelstadt, einer Kleinstadt im Odenwald, 1930 berief ihn die hessische Staatsregierung zum Oberregierungsrat in der Provinzialdirektion Oberhessen – der mittleren Verwaltungsebene des Landes. Von 1924 bis 1930 vertrat Ritzel die SPD im Hessischen Landtag, 1930-33 war er Reichstagsabgeordneter. Die Machtübernahme der Nationalsozialisten beendete schlagartig seine viel versprechende politische Karriere, entzog ihm mit der sofortigen Entlassung aus dem Staatdienst die Lebensgrundlage und zwang ihn nach einer ersten Inhaftierung zur Flucht ins Saarland, wo er in der Leitung der Polizeiverwaltung tätig war. Aus dieser Zeit verfügte er über internationale Kontakte, vor allem nach Frankreich. In Basel wirkte Ritzel von 1939 bis 1947 als Sekretär der Europa-Union, zudem engagierte er sich führend im parteiübergreifenden „Demokratischen Deutschland" sowie in der „Union deutscher Sozialisten und Gewerkschafter in der Schweiz", zweier Zusammenschlüsse

---

14 Zur Biographie Ritzels siehe Martin Schumacher: Heinrich Georg Ritzel, in: Neue Deutsche Biographie (NDB), Bd. 21, Berlin 2003, S. 674f sowie Axel Ulrich: Heinrich Georg Ritzel. Vom antifaschistischen Abwehrkampf im Volksstaat Hessen zu den demokratischen Neuordnungsdiskussionen im Schweizer Exil, in: Renate Knigge-Tesche, Axel Ulrich (Hg.): Verfolgung und Widerstand in Hessen 1933-1945, Frankfurt/Main 1996, S. 358-373.

von Emigranten in den Jahren 1945/46, die in scharfem Gegensatz zur kommunistisch beeinflussten „Bewegung Freies Deutschland in der Schweiz" standen.[15] 1947 kehrte Ritzel nach Deutschland zurück. Er schloss sich wieder der SPD an und wirkte von 1949 bis 1965 als Bundestagsabgeordneter. Doch was hat das alles mit Hans Eckert zu tun? Die Antwort ist Folgende: Ritzel war in den Kriegsjahren ein enger Mitarbeiter des militärischen Nachrichtendienstes in Basel. Mit Eckert stand er in stetem Kontakt. Etwas konspirativ, aber eigentlich durchschaubar wurde das verschleiert, in dem die beiden Söhne Ritzels jeweils die Berichte ihres Vaters privat bei Eckert ablieferten.[16] Der jüngere, Günther Ritzel (1924-1989), blieb nach 1945 in Basel, wo er Medizin studierte und später als Vorsteher des Schularztamtes und Extraordinarius an der Universität Basel tätig war.[17] Der ältere, Gerhard (1923-2000), studierte ebenfalls in Basel, wo er 1947 promovierte. Allerdings kehrte er 1951 wie sein Vater nach Deutschland zurück, um in den diplomatischen Dienst der jungen Bundesrepublik einzutreten. Später arbeitete er als persönlicher Mitarbeiter von Willy Brandt, zunächst im Auswärtigen Amt, dann im Bundeskanzleramt, anschliessend vertrat er die Bundesrepublik als Botschafter in Norwegen, der Tschechoslowakei, dem Iran sowie Schweden und wirkte – quasi zu den Basler Wurzeln zurückkehrend – 1981/82

---

15 Zu den beiden Gruppierungen und ihren Differenzen siehe immer noch Hagen Schulze, Otto Braun – oder Preussens demokratische Sendung, Berlin 1977, S. 813-835 und Karl Hans Bergmann: Die Bewegung „Freies Deutschland" in der Schweiz 1943-1945, München 1974.

16 StABS, Aktenbildneraktenen PA 927: Protokoll des Gesprächs mit Herrn Dr. Hans Eckert am 1. November 1994 (korrigierte Fassung vom 6.1.1995).

17 Vgl. StABS, Sammlung biographischer Zeitungsausschnitte (BIO), Mappe Günther Ritzel.

unter Helmut Schmidt erneut im Bundeskanzleramt, nun als Koordinator der deutschen Geheimdienste.[18]

Aber was berichtete Ritzel und welche Kontakte hatte er? Eine recht ergiebige Quelle zu diesen Fragen ist sein umfangreicher Nachlass, der im Archiv der sozialen Demokratie in der Friedrich-Ebert-Stiftung in Bonn aufbewahrt wird. In den Unterlagen werden auch weitere persönliche Kontakte Ritzels in Basel fassbar. Dazu zählte neben verschiedenen SP-Politikern sowie Mitgliedern der Europa-Union vor allem Franz Merz (1894-1985), stellvertretender Leiter des Kontrollbüros (wo auch die Fremdenpolizei angesiedelt war), mit dem Ritzel offenbar eine persönliche Freundschaft verband.[19] Zudem finden sich eine Reihe von Berichten über die militärische und wirtschaftliche Lage Deutschlands, die internationale Konstellation und die Lage in einzelnen Krieg führenden Ländern.[20] Ein undatiertes, neunseitiges Memorandum beschreibt die politischen Kräfteverhältnisse in Deutschland seit dem Kriegsbeginn, ein siebenseitiges vom 1. November 1939 die Pläne der deutschen Kriegsführung, um nur zwei Beispiele zu nennen. Über die Quellen schweigen sich diese Berichte oft aus – und sie waren auch nicht immer besonders zuverlässig. Dass bei der Informationsbeschaffung oft mit undurchsichtigen, wenn nicht zweifelhaften Zuträgern zusammengearbeitet werden musste, ist durchaus typisch für geheimdienstliche Aktivitäten. Dies zeigt ausschnitthaft ein „Bericht Pfeifer", der laut Ritzel im Juli 1938 für Franz Merz zusammengestellt wurde und u.a. davor warnte, dass aus der Schweiz ein Tummelplatz deutscher Agenten werde. Autor dieses Berichts könnte der deut-

---

18 Vgl. Biographisches Handbuch der deutschsprachigen Emigration, Bd. I. München 1980, S. 605.

19 Archiv der sozialen Demokratie (AsD) NL Ritzel, Mappe 211. Zu Merz siehe, StABS, BIO, Mappe Franz Merz.

20 AsD, NL Ritzel, Mappe 212 und Mappe 350

sche Staatsbürger Heinrich Pfeifer-Kober gewesen sein, über den im Staatsarchiv ein aufschlussreiches Dossier in den Administrativakten des Polizeidepartements vorliegt.[21] Pfeifer hielt sich seit dem Sommer 1938 mit einem falschen französischen Pass in der Schweiz auf. Er wurde Anfang September in Basel verhaftet und sollte zunächst rasch ausgewiesen werden. Dies konnte er mit Unterstützung offenbar einflussreicher Persönlichkeiten aus der Redaktion der Nationalzeitung erfolgreich abwenden.

Was ist Wahrheit?

Pfeifer war ursprünglich Nationalsozialist und zumindest kurze Zeit Mitarbeiter des Reichssicherheitshauptamtes in Berlin. Seine Beweggründe, sich von der Partei zu trennen und Deutschland zu verlassen, bleiben unscharf, wenn nicht unglaubwürdig. Innerhalb der Emigration in Basel hielt man ihn auf Distanz. Er selber gab später an, nach dem Verlassen Deutschlands für den polnischen, den britischen und den schweizerischen Nachrichtendienst gearbeitet zu haben.[22] Was ist Wahrheit, was Lüge und was bewusste Desinformation? Im Geheimdienstmilieu ist dies kaum scharf zu trennen und es zeigt sich im Falle Pfeifers, dass selten die Wahl besteht, mit wem man zusammenarbeitet, wenn man an vertrauliche Informationen aus (vermeintlich) erster Hand herankommen will. Im Übrigen wurde auch auf deutscher Seite so gearbeitet. In Basel waren zahlreiche Informanten des Si-

---

21 StABS, PD-REG 1a 1950-86. Dort auch das Folgende. Der in Basel umstrittene Pfeifer kehrte nach Kriegsende ins besetzte Deutschland zurück, wo er 1949 in Frankfurt früh verstarb.

22 Zu Pfeifers Vita siehe seinen selbstverfassten Lebenslauf vom 16.11.1940, in: ebd. Darin erwähnt er auch seine angeblichen Verbindungen zum schweizerischen Nachrichtendienst sowie dem Basler Staatsanwalt und späteren Strafgerichtspräsidenten Emil Häberli (1902-1984).

cherheitsdienstes (SD) beim Reichsführer SS aktiv.[23] Einer von ihnen, Josef Böswald (1897-), gehörte seit 1918 dem Basler Polizeikorps an und wirkte ab 1942 bei der Jugendanwaltschaft. Er trieb sein Unwesen bis 1945 und wurde erst nach Kriegsschluss enttarnt. Laut Erkenntnissen der Politischen Polizei verschaffte Böswald dem SD u.a. die Namen französischer und deutscher Refraktäre in Basel, darunter viele geflohene Elsässer, ferner berichtete über die politische Einstellung seiner Kollegen sowie der höheren Polizeioffiziere.[24] In Kenntnis einschlägiger Quellen in deutschen Archiven, die immer wieder Insiderwissen offenbaren, muss man annehmen, dass dies – wie schon 1946 von den Basler Behörden vermutet – nicht die einzigen Informationen waren, die Böswald weitergab. Vermutlich war er auch nicht der einzige Basler Ordnungshüter und Staatsangestellte, der mit dem Dritten Reich sympathisierte.[25] Dafür spricht, dass neben dem SD auch das Deutsche Konsulat immer wieder aus Behördenkreisen Informationen über wirtschaftliche Fragen, Versorgungsprobleme, einzelne Flüchtlinge oder den Vollzug der Flüchtlingspolitik zugespielt erhielt.[26] Aber das ist

---

23 Michael Wildt (Hrsg.): Nachrichtendienst, politische Elite und Mordeinheit. Der Sicherheitsdienst des Reichsführers SS, Hamburg 2003.

24 Zum Fall Böswald, der von einem Militärgericht zu einer langjährigen Haftstrafe verurteilt wurde, vgl. den Bericht des Regierungsrates über die Abwehr staatsfeindlicher Umtriebe in den Vorkriegs- und Kriegsjahren sowie die Säuberungsaktion nach Kriegsschluss. Dem Grossen Rat des Kantons Basel-Stadt vorgelegt am 4. Juli 1946, S. 134-136.

25 Zu den Auseinandersetzungen um die angeblich mangelnde Distanz des Polizeiinspektors, Major Emil Bloch, zur NS-Ideologie und dem Dritten Reich siehe Patrick von Hahn: Liquidation der Vergangenheit. Die „politische Säuberung" nach dem Zweiten Weltkrieg in Basel, unveröffentlichte Lizentiatsarbeit, Basel 1998, S. 57-62.

26 Zahlreiche Hinweise darauf finden sich in den Unterlagen des deutschen Konsulats in Basel, die im Politischen Archiv des Auswärtigen Amtes in Berlin aufbewahrt werden.

eine andere Geschichte und verweist insgesamt auf die doch erheblichen nationalsozialistischen Aktivitäten in Basel und ihre „Schnittstellen" mit schweizerischen Kreisen.[27] Dieses Thema ist bis heute leider weitgehend unbearbeitet – auch weil die Quellen aus dem umfangeichen Bestand der Akten der Kantonalen Fremdenpolizei bzw. den Akten der Bundesanwaltschaft im Bundesarchiv bisher nicht genügend Beachtung gefunden haben.

---

27 Vgl. die einschlägigen Passagen im Bericht des Regierungsrates über die Abwehr staatsfeindlicher Umtriebe in den Vorkriegs- und Kriegsjahren sowie die Säuberungsaktion nach Kriegsschluss. Dem Grossen Rat des Kantons Basel-Stadt vorgelegt am 4. Juli 1946.

May B. Broda

Die Agentenlinie „Mo"

Hans Eckert und der Nachrichtendienst der Schweizer
Armee im Zweiten Weltkrieg

Im Zweiten Weltkrieg funktionierte die Schweiz als freier und neutraler Staat umgeben von den Achsenmächten
Deutschland und Italien als „eine Art Drehscheibe der
Spionage."[1] Den Alliierten, Grossbritannien, den USA und
der Sowjetunion, bedeutete sie mehr als ein „grosses Fenster
in die faschistische Welt".[2] Ein britischer Geheimdienstler
sah es so: „The country is small; no Swiss is without a friend
in the Swiss Intelligence Service; and the latter is everywhere
and interested in everything; they are extremely jealous of
their neutrality ... (A)nd of course the entire country is rid-
dled with German and Italian agents for whom nothing is
too small."[3] Die Situation forderte in verschiedener Hinsicht

---

1 Cattani, Alfred, Hochzeit der Spione. Die Geheimdienste im Zweiten
Weltkrieg, NZZ (Neue Zürcher Zeitung) -Folio, November 1992, S. 50.

2 Mauch, Christof, Schattenkrieg gegen Hitler. Das Dritte Reich im Visier der amerikanischen Geheimdienste 1941-1945, Stuttgart 1999, S.
152.

3 Die Beobachtung machte der Chef der britischen „Special Operations
Executive (SOE)"-Station Switzerland John McCaffery, der als angeb-
licher stellvertretender Presseattaché der Britischen Gesandtschaft in
Bern von Februar / März 1941 bis September 1945 Subversion und Widerstand in Deutschland, Österreich, Italien und im deutschbesetzten
Frankreich zu organisieren hatte: „His instructions went far beyond
railway sabotage. As SOE's principal representative in Switzerland, he
was to settle in for the long term and attempt to run clandestine lines
into every state surrounding it"; zitiert nach: Bailey, Roderick, Target
Italy. The Secret War against Mussolini, 1940-1943. The Official History of the SOE Operations in Fascist Italy, London 2014, S. 188, 367
und 400, Anm. 5: „Information provided by the SOE Adviser to the

nicht nur die eidgenössischen und kantonalen, aussen-, innenpolitischen und polizeilichen Behörden, sondern auch den Nachrichten- und Sicherheitsdienst der Schweizer Armee, der nach dem Milizsystem aufgebaut war.

Die Formen der Nachrichtenbeschaffung sind vielfältig. Ein spezifisches Instrument der organisierten und institutionalisierten Beschaffung von Information stellt die Agentenlinie dar. Diese kann gleichzeitig der Infiltration in „feindliche" Bereiche dienen. Heikel und spektakulär war die Nachrichtenlinie zwischen dem schweizerischen Armeekommando und dem Reichssicherheitshauptamt Berlin, der die Protagonisten Oberstbrigadier Roger Masson und SS-Brigadeführer Walter Schellenberg den Namen gaben.[4]

Am Beispiel des Hilfsdienstsoldaten (HD) Hans Eckert (1912-2011) wird auf Aktivitäten des Nachrichtendienstes der Schweizer Armee im Zeitraum von 1942 bis 1945 eingegangen. Die bisher unbekannte Agentenlinie „Mo" steht im Vordergrund. Sie wurde wie die wenig beachtete „L"-Linie, deren Informanten in der Nachrichtenabteilung der französischen Armee in Vichy sassen, oder die berühmte „Wiking"-Linie, die ins Kommando der Wehrmacht reichte, ebenfalls von der „Meldesammelstelle Basel (M.S.B.)", Deckname „Pfalz", betreut.[5] Der „Mo"-Linie kam seit 1943 eine beson-

---

Foreign & Commonwealth Office"; Pirker, Peter, Subversion deutscher Herrschaft. Der britische Kriegsgeheimdienst SOE und Österreich, Zeitgeschichte im Kontext, Bd. 6, Wien 2012, S. 153.

4 Braunschweig, Pierre-Th., Secret Channel to Berlin. The Masson-Schellenberg Connection and Swiss Intelligence in World War II, Havertown, Philadelphia 2004, updated American version; Ders., Geheimer Draht nach Berlin. Die Nachrichtenlinie Masson-Schellenberg und der schweizerische Nachrichtendienst im Zweiten Weltkrieg, Zürich 1989, S. 10.

5 Schweizerisches Bundesarchiv, Bern (BAR) E 27 14850: Major (Emil; Anm. d. Autorin) Häberli, der Kdt. von Pfalz, Tätigkeitsbericht von Pfalz 1.9.1942-31.12.1943, Basel, 22.1.1944, S. 3; Archiv für Zeitgeschichte (AfZ), ETH-Zürich, Bestand Werner Rings: Interview mit

dere Bedeutung zu, weil der militärische Nachrichtendienst der Schweiz damals mit einem „Zusammenbruch des Faschismus" rechnete,[6] Gerüchte über die Existenz einer deutschen „Alpenfestung" kursierten[7] und die Alliierten die europäische Nachkriegsordnung anvisierten, unter anderem die Wiederherstellung Österreichs, das seit März 1938 an Deutschland „angeschlossen" war.[8]

Die Besonderheit der „Mo"-Linie war, dass man sie generell aus Wehrmachtsdeserteuren und, was bisher nicht bekannt war, gegen Kriegsende auch aus Wehrmachtsdeserteurinnen rekrutierte. Eine Minderheit von „Wehrmachtshelferinnen" und Wehrmachtssoldaten hatte aus unterschiedlichsten Motiven beschlossen, ihren Kriegseinsatz vorzeitig zu beenden, in die neutrale Schweiz zu fliehen und sich dort internieren zu lassen.[9]

„Desertion" oder „Fahnenflucht" hiess, die Truppe verlassen, den Eid auf den Kriegsherrn Adolf Hitler und die Bindung an die „Kameraden" beziehungsweise „Kamera-

---

Emil Häberli, 23.6.1969; Braunschweig, Pierre-Th., Geheimer Draht nach Berlin, S. 119 und 373, Anm. 100.

6 Privatarchiv May B. Broda, Birmensdorf (ZH): Ansprache von Major i. Gst. (Generalstab; Anm. d. Autorin) (Max; Anm. d. Autorin) Waibel am Schlussrapport der N.S.1, 18.8.45 im Hotel Schweizerhof, Luzern, maschinengeschrieben und vervielfältigt, Fotokopie, S. 7.

7 Steinacher, Gerhard, Eidgenössischer Geheimdienst und österreichischer Widerstand 1943-1946. „zum Vorteil der Schweiz gearbeitet ...", in: Schweizerische Zeitschrift für Geschichte (SZG), Vol. 51, Nr. 2, Basel 2001, S. 211.

8 Hoerschelmann, Claudia, Exilland Schweiz. Lebensbedingungen und Schicksale österreichischer Flüchtlinge 1938-1945. Mit ca. 250 Einzelbiographien, Veröffentlichungen des Ludwig-Boltzmann-Institutes für Geschichte und Gesellschaft, Bd. 27, Innsbruck 1997, S. 13-14.

9 Koch, Magnus, Fahnenfluchten. Deserteure der Wehrmacht im Zweiten Weltkrieg – Lebenswege und Entscheidungen, Krieg in der Geschichte (KRiG), Bd. 42, Paderborn - München - Wien - Zürich 2008, S. 11.

dinnen" zu lösen.[10] Sich versucht oder dauerhaft dem Wehrmachtsdienst zu entziehen, war strafbar. Es drohten Lagerhaft, Strafbataillon (Minenräumen u.a.) und Tod. Gefasste Überläufer, das sind zum Feind abgefallene Fahnenflüchtige, bestrafte man allgemein mit dem Tod. Die nationalsozialistische Militärjustiz fällte über 30'000 Todesurteile gegen Wehrmachtsangehörige und „Personen, die sich in irgendeinem Dienst- oder Vertragsverhältnis bei der Krieg führenden Wehrmacht" befanden, sich bei ihr aufhielten oder ihr folgten.[11] Von den über 20'000 Todesurteilen, die Desertierte betrafen, wurden mindestens 160'00 vollstreckt.[12] Die Desertion während des Zweiten Weltkriegs „beschwieg" man bis in die 1980er Jahre.[13] Auf die politische Auseinandersetzung, welche die gesellschaftliche Basis initiiert hatte, folgte die gesetzliche Rehabilitierung der Wehrmachtsdeserteure 1998 beziehungsweise 2002 in Deutschland und 2005 in Österreich.[14]

Ebenfalls noch nicht lange nimmt die Forschung diejenigen Frauen in den Fokus, die sowohl in der Schweizer Armee im „Frauenhilfsdienst (FHD)"[15] als auch in der deutschen

---

10 Ib., S. 13, Anm. 2, und 40-41.

11 Ib., S. 14, Anm. 5: Deutsches Militärstrafgesetzbuch vom 10.10.1940, § 155, bzw. 4. Durchführungsverordnung zur Kriegsstrafverfahrensordnung vom 1.11.1939, § 3a.

12 Messerschmidt, Manfred, Die Wehrmachtsjustiz 1939-1945, Paderborn 2005, S. 393.

13 Koch, Magnus, Fahnenfluchten, S. 14.

14 Metzler, Hannes, Ehrlos für immer? Die Rehabilitierung der Deserteure der Wehrmacht. Ein Vergleich von Deutschland und Österreich unter Berücksichtigung von Luxemburg, Wien 2007; Wette, Wolfram, Deserteure der Wehrmacht rehabilitiert. Ein exemplarischer Meinungswandel in Deutschland (1980-2002), in: Zeitschrift für Geschichtswissenschaft, Nr. 52, 6, 2004, S. 505-527.

15 Signer, Barbara, Die Frau in der Schweizer Armee. Die Anfänge, Gründung und Aufbau des militärischen Frauenhilfsdienstes während des Zweiten Weltkriegs, documenta militaria, Dissertation Universität

Wehrmacht als „Helferinnen der Wehrmacht"[16] unterschiedliche militärische Funktionen wahrnahmen. Allgemein wird immer noch unterschätzt, welche Bedeutung die mit Frauen wie mit Männern bestückten Hilfsdienste der Armeen hatten und was sie leisteten.

Alles Aspekte, die Hans Eckert bis zuletzt aus juristischer und humanitärer Sicht beschäftigten.[17] Weshalb, vergegenwärtigt dieser Beitrag.

Die Abhandlung geht von den audiovisuellen, mündlichen und schriftlichen Zeugnissen aus, die Hans Eckert seit den 1990er Jahren ablegte.[18] Er war damals 80 Jahre alt. Ein

Zürich, Zürich 2000; Broda, May B., Eine Basler Agentin in Kriegszeiten, in: UNI NOVA, Wissenschaftsmagazin der Universität Basel, Criminalia. Dem Verbrechen auf der Spur, Nr. 91, Juli 2002, S. 17-18; Dies., Agentin im Schatten der Bundespolizei. Am 8. Dezember im Fernsehen DRS: Eine Baslerin, die für die Alliierten spionierte, in: Weltwoche, Nr. 48, 2.12.1993; Dies., Die Agentin, die aus dem FHD kam. Antifaschistinnen im Schweizer Nachrichtendienst, in: Wochen-Zeitung (WoZ), Nr. 49, 10.12.1993; Dies., Agentinnen im Schatten. Die geheime Linie zwischen Basel und London, Spuren der Zeit, Schweizer Fernsehen 1993, Dokumentarfilm.

16 Maubach, Franka, Die Stellung halten. Kriegserfahrungen und Lebensgeschichten von Wehrmachthelferinnen, Göttingen 2009; Seidler, Franz W., Blitzmädchen. Helferinnen der Wehrmacht, Bonn 1998, Lizenzausgabe Augsburg 2005.

17 Privatarchiv Broda: Gespräch der Autorin mit Hans Eckert, Reinach, 5.8.2011, handschriftliche Notizen.

18 Das letzte Gespräch führten der 99jährige Basler Anwalt Hans Eckert und ich am 5.8.2011 in seinem Haus in Reinach. Unsere Bekanntschaft reicht in die 1990er Jahre zurück und hängt mit meiner Tätigkeit als Redakteurin der zeitgeschichtlichen Sendung „Spuren der Zeit" des Schweizer Fernsehens zusammen. Eckert trat bereits im Spuren der Zeit-Film von Theo Stich, „Stationen einer Flucht oder das Asyl zu Basel", Schweizer Fernsehen 1990, auf, der über Flüchtlingsschicksale in Basel während des Zweiten Weltkriegs bis in die Gegenwart berichtet. Während der Vorbereitungen zu meinem Dokumentarfilm „Agentinnen im Schatten. Die geheime Linie zwischen Basel und London", Spuren der Zeit, Schweizer Fernsehen 1993, wurden die Gespräche mit Hans Eckert und seiner Gattin Annemarie Eckert-Meier intensiviert, führten aber zu keinen Aufnahmen. 1998 konnte ich ihn als Haupt

Auslöser, sein Schweigen zu brechen,[19] war die sogenannte eidgenössische „Diamantfeier" von 1989, die auf umstrittene Weise an den militärischen „Aktivdienst" in der Schweiz seit Beginn des Zweiten Weltkriegs erinnerte.

Die Zeitzeugnisse wurden mit Hilfe von verstreut aufgefundenen schriftlichen und anderen Dokumenten ergänzt und überprüft. Diese geben verschiedene Probleme auf: Beispielsweise sind die Angaben zu Namen und Orten verschleiert oder ausgelassen, werden Decknamen für Agenten verwendet oder interne Kürzel für Strukturen und Abläu-

zeitzeugen in zwei Funktionen für meinen Dokumentarfilm „Spione in Luzern – Vom heissen in den Kalten Krieg", Spuren der Zeit, Schweizer Fernsehen 1998, gewinnen: erstens als Angehöriger des Nachrichtendienstes der Schweizer Armee während des Zweiten Weltkriegs und zweitens als Verteidiger des Luzerners Xaver Schnieper, eines ehemaligen Kollegen im militärischen Nachrichtendienst während des Zweiten Weltkriegs, dem zusammen mit dem ehemaligen deutschen Staatsangehörigen Rudolf Roessler im November 1953 der Prozess wegen Ostspionage in Luzern gemacht wurde; Broda, May B., „Ein Meisterspion wird kaltgestellt. Neue Erkenntnisse über die Verurteilung der beiden Ostagenten Roessler und Schnieper", in: Neue Zürcher Zeitung (NZZ), Nr. 65, 19.3.1998.

Weitere Aufnahmen mit anderen Regisseuren folgten im Rahmen von „Archimob" usw.; Privatarchiv Familie Imboden-Eckert, Küsnacht (ZH): Teilnachlass Hans Eckert; Privatarchiv Broda; Staatsarchiv Basel-Stadt (StABS), Aktenbildnerakten PA 927: Protokoll des Gesprächs mit Herrn Dr. Hans Eckert am 1.11.1994 (korrigierte Fassung vom 6.1.1995); Schriftwechsel mit Hans Eckert, 1993-1994; vgl. den Beitrag in dieser Publikation von Hermann Wichers „Hans Eckert. Flüchtlingshilfe, Exil, Widerstand und Nachrichtendienst 1935-1945".

19 BAR E 27 1000/721 Bd. 2043 bzw. E 27 9541: Bundesrat Karl Kobelt, Vorsteher des Eidgenössischen Militärdepartements, 19.5.1947: „Vorträge über den Nachrichtendienst": Bundesrat Kobelt erteilte erst zwei Jahre nach dem Ende des Zweiten Weltkriegs die Weisung, „über alles, was die im ND (Nachrichtendienst; Anm. d. Autorin) tätig gewesenen Offiziere, Unteroffiziere und Soldaten während ihrer Tätigkeit beobachtet und vernommen haben, Stillschweigen zu bewahren.

Wer in Missachtung dieser Weisung gegen Art. 77 und Art. 2 MStG (Militärstrafgesetz; Anm. d. Autorin) und Art 27 des Beamtengesetzes verstösst, wird zur Rechenschaft gezogen."

fe gebraucht. Trotzdem lassen sich Bezüge herstellen und Fakten erhärten. Jüngst freigegebene Akten der britischen „Special Operations Executive (SOE)", des amerikanischen „Office of Strategic Services (OSS)", der Italiener, Franzosen und Russen sowie Dokumente der „Abwehr", der Gestapo, des Reichssicherheitshauptamts u.a.m. sind in diesem Aufsatz nicht berücksichtigt, aber neu freigegebene und bisher unbeachtete schriftliche wie bildliche Schweizer Quellen wurden verwendet.

Wichtige Anhaltspunkte lieferte die neuere britische, deutsche und österreichische Sekundärliteratur, die den Spionage-Schauplatz Schweiz jeweils am Rande mit einbezog.

Der Beitrag führt nachfolgend in die Tätigkeit der Meldesammelstelle Basel (M.S.B.), Deckname „Pfalz", ein, die der Nachrichtensammelstelle Luzern N.S.1, Deckname „Rigi", nachgeordnet war. Zweitens wird die Agentenlinie „Mo" vorgestellt, über die Hans Eckert aus eigener Anschauung der Autorin berichtete; offen gelegt wird, wer sie mit Desertierten der deutschen Wehrmacht aufbaute und betreute. Am Beispiel des österreichischen Wehrmachtsdeserteurs und Widerstandskämpfers Fritz Molden wird drittens dokumentiert, wie sie funktionierte und wozu sie unter anderem auch noch diente. Viertens wird im Zusammenhang mit der Auflösung der „Mo"-Linie erstmals bezeugt, dass gegen Ende des Zweiten Weltkriegs der Nachrichtendienst der Schweizer Armee Deserteurinnen der deutschen Wehrmacht als Agentinnen der Linie „Mo" einsetzte. Zum Schluss folgen Erkenntnisse und Desiderate.

Die „Meldesammelstelle Basel (M.S.B.)" alias „Pfalz"

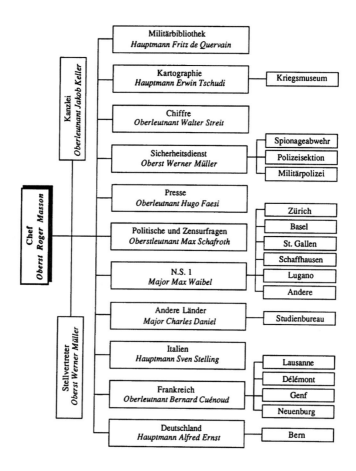

<u>Abb. 10</u>: *Die Gliederung des schweizerischen Nachrichten-*
und Sicherheitsdienstes der Schweizer Armee,
Februar 1941; Copyright 2015 Schweizerisches
Bundesarchiv Bern.[20]

20 BAR E 27 14833: Bericht über Organisation und Tätigkeit der Gruppe Ia Front des Armeestabes während des Aktivdienstes 1939-1945.

Die „Nachrichtensammelstelle 1 (N.S.1) / Ter.Kdo.8", Deckname „Rigi", wurde im Laufe des Zweiten Weltkriegs dem Chef des militärischen Nachrichten- und Sicherheitsdienstes der Schweiz Roger Masson direkt unterstellt.[21] Sie wurde von Major i.Gst. Max Waibel geleitet, dessen Stellvertreter Hauptmann Bernhard Mayr von Baldegg seit 1941 war. Ihr Quartier war das Hotel Schweizerhof in Luzern.[22] Ihr Auftrag lautete, Nachrichten über Deutschland, vor allem über die Organisation, die Absichten und die Tätigkeiten der Wehrmacht, zu beschaffen. Später kamen das gesamte deutsche Reichsgebiet mit den besetzten Staaten und alle Streitkräfte der Achsenmächte dazu. Als Mittel dienten „der aktive Nachrichtendienst durch Vertrauensleute und Agenten im Ausland, das Auswerten der Grenzbeobachtung und des Grenzgängerverkehrs, das Befragen einreisender Schweizer, die Einvernahme von Deserteuren und Internierten sowie das Studium der deutschen Presse und Filmwochenschauen."[23] Dazu wurden die Aussenbureaux oder Meldesammelstellen (M.S.) Basel alias „Pfalz", Schaffhausen alias „Salm", St. Gallen alias „Speer", Zürich alias „Uto" und Lugano alias „Baro", später „Nell" genannt, geschaffen; im Laufe der Kriegsjahre kamen noch andere dazu (vgl. Abb. 10).[24] Deren Resultate wertete „Rigi" aus und leitete sie an das Hauptquartier der Schweizer Armee weiter.[25]

---

21 Braunschweig, Pierre-Th., Geheimer Draht nach Berlin, S. 101 und 107-108: Die N.S.1 hatte mit dem Territorialkommando nichts zu tun, die Bezeichnung „Ter.Kdo.8" war eine Tarnung.

22 BAR JI.248(-) 8-22, 20: Major i.Gst. (Max; Anm. d. Autorin) Waibel, N.S.1 / Ter.Kdo.8, Armeekommando, Schweizerische Armee, an Oberstdiv. Gübeli, Kdt. 8. Div., 8.10.1942.

23 Braunschweig, Pierre-Th., Geheimer Draht nach Berlin, S. 113.

24 Ib., S. 76-81 und S. 120-122.

25 Broda, May B., Eine Basler Agentin in Kriegszeiten, in: UNI NOVA, Wissenschaftsmagazin der Universität Basel, Criminalia. Dem Verbrechen auf der Spur, Nr. 91, Juli 2002, S. 17.

Um alle Reisende, ausländische wie Schweizer Staatsangehörige, an der Grenze zu erfassen, wurden Einreisefichen im
Doppel geschaffen: Die Kopie ging an die Schweizerische
Bundesanwaltschaft und das Original blieb beim Nachrichtendienst, der es an die für die Befragung zuständigen Aus-
senposten sandte. Dieses System funktionierte aber wegen
Querelen mit den kantonalen und eidgenössischen Polizei-
stellen erst ab Mitte 1942 einigermassen.[26]

Eine Gruppe speziell ausgebildeter Offiziere der N.S.1 war
für die Einvernahme fremder Militärpersonen verantwort-
lich. Sie hatte bei den notgelandeten Piloten aller Kriegspar-
teien wenig Erfolg.[27] Mehr erbrachten die Befragungen grös-
serer Einheiten, die nach dem Zusammenbruch Frankreichs
und des faschistischen Italien in die Schweiz übergetreten
waren. Mit den Angaben dieser Militärinternierten konnten
die Meldungen der Agenten und V-Leute überprüft und die
vom Nachrichtendienst geführte „Ordre de bataille der deutschen Wehrmacht (Heer und Luftwaffe)" ergänzt werden.[28]

„Um eine psychologisch günstige Umgebung zu schaffen,"
entstand im Sommer 1940 „auf Initiative Waibels in Luzern
ein kleines Interniertenlager," das später auf den Dietschiberg verlegt wurde. „Die Aufenthaltsdauer in diesem Lager
schwankte zwischen einigen Tagen und mehreren Wochen.
Offiziere und Leute, von denen sich die N.S.1 besonders
wertvolle Nachrichten versprach, weil sie in Deutschland
gehobene Stellungen bekleidet hatten, brachte Waibel in be-

---

26 Braunschweig, Pierre-Th., Geheimer Draht nach Berlin, S. 115-116.

27 Ib., S. 116-117.

28 BAR E 27 14850: Major i.Gst. Max Waibel, Armeekommando,
Gruppe Ib, Nachrichtendienst, Bericht über die Tätigkeit der N.S.1 /
Ter.Kdo.8 während des Aktivdienstes 1939 / 1945, 20.7.1945, S. 7-10
und 12-13.

wachten Räumen im Westflügel des (Luzerner Hotels; Anm. d. Autorin) Schweizerhofes unter."[29]

Das erste und grösste Aussenbureau der N.S.1 war seit November 1939 die „Meldesammelstelle Basel (M.S.B.)", Deckname „Pfalz". Ihr Standort befand sich zuerst an der Leonhardsstrasse Nr. 23, seit 1942 im Haus „Kirschgarten" an der Elisabethenstrasse Nr. 27 in Basel.[30] Die Stadt bildete das Ein- und Ausfallstor nicht nur für Agenten und Spione der angrenzenden Staaten Deutschland, Frankreich und der Schweiz, sondern wurde nach dem deutschen „Blitzkrieg" von 1940 in Westeuropa immer wichtiger für die Alliierten.[31] Die „Pfalz" hatte die Aufgabe, den Grenzverkehr im Rheinhafen, im Französischen und vor allem Badischen Bahnhof für Informationen zu nutzen. Das hiess Einreisende zu vernehmen, Beziehungen zu Personen mit ausländischen Verbindungen anzuknüpfen, polizeiliche Beziehungen militärisch auszuwerten, Nachrichten durch einzelne Agenten zu beschaffen und technische Hilfe anderer Nachrichtenstellen des Schweizer Armeestabes zu leisten.[32]

---

29 Ib., S. 12; Braunschweig, Pierre-Th., Geheimer Draht nach Berlin, S. 117-118.

30 BAR E 27 9983 Bd. 1: Armeestab M.S.B., Standortmeldung, undatiert (Februar 1942; Anm. d. Autorin); Hptm. Toggweiler, Verb. Of., Territorial Kommando Basel, an Ter. Insp. 2, 15.7.1942; Hptm. Häberli an Ter. Kdo. Basel, 9.10.1942, Abschrift.

31 Broda, May B., Agentin im Schatten der Bundespolizei. Am 8. Dezember im Fernsehen DRS: Eine Baslerin, die für die Alliierten spionierte, in: Weltwoche, Nr. 48, 2.12.1993; Dies., Die Agentin, die aus dem FHD kam. Antifaschistinnen im Schweizer Nachrichtendienst, in: Wochen-Zeitung (WoZ), Nr. 49, 10.12.1993; Dies., Agentinnen im Schatten. Die geheime Linie zwischen Basel und London, Spuren der Zeit, Schweizer Fernsehen 1993, Dokumentarfilm.

32 BAR E 27 14850: Hptm. (Emil; Anm. d. Autorin) Häberli, Tätigkeitsbericht von Pfalz vom Kriegsbeginn bis 31.8.1940, 30.10.1940, S. 1-2.

Eisenbahner, Spediteure, Schiffs- und auch Geschäftsleute waren beliebt als Agenten und Informanten, weil sie in Kriegszeiten noch überall hinkamen und ungehindert beobachten konnten. Zudem waren viele (Bahn-)Arbeiter gewerkschaftlich organisiert gewesen und standen im Widerspruch zur nationalsozialistischen Diktatur. Auch Geld spielte eine Rolle.[33]

Abb. 11: *Mitglieder der Meldesammelstelle Basel (M.S.B.) alias „Pfalz" und der Nachrichtensammelstelle (N.S.) 1 alias „Rigi" am Ufer des Vierwaldstätter-sees, um 1943, von links nach rechts: Hans Segesser von Brunegg (N.S.1), Emanuel Sarasin, Alfred Büh-ler (N.S.1), Hans Ludwig Freyvogel, Emil Häberli, Hans Eckert, FHD Mathilde von Moos (N.S.1), unbekannte FHD;*
Copyright 2015 Familie Imboden-Eckert, Küsnacht.

Der Basler Staatsanwalt, militärische Untersuchungsrichter und Chef der Politischen Polizei Hauptmann Dr. jur. Emil Häberli, genannt „Hä", scharte vertrauenswürdige Kolle-

---

33 Broda, May B., Eine Basler Agentin in Kriegszeiten, S. 17.

ginnen aus dem militärischen Frauenhilfsdienst (FHD) und Kollegen und aus verschiedenen Truppengattungen um sich, die sich punkto Herkunft[34] und politischer Haltung unterschieden, aber alle überzeugte Gegnerinnen und Gegner des Faschismus und Nationalsozialismus waren. Diese wurden jeweils kurze Zeit zur Geheimdienstarbeit auf der N.S.1 „Rigi" angeleitet (vgl. Abb. 11), die im Luzerner Hotel Schweizerhof untergebracht war.[35] Sie führten ihre bürgerlichen Existenzen in Basel zur Tarnung weiter und waren in Zivil tätig.[36]

Kommandant Häberli vertraute ihnen voll, verlangte aber, dass sie ihre Arbeit nach dem Agentinnen- und Agentenprinzip verrichteten, das hiess jede und jeder besass jeweils nur eine Bezugsperson.[37] Sein Stellvertreter war Fhr. Dr. jur. Fritz Dickmann.[38]

---

34 Unter anderen taten drei Rechtsanwälte, zwei Journalisten, ein Bankier, ein Industrieller, ein Museumskonservator, ein Gerichtspräsident, ein Staatsanwalt, ein Student, ein Typograph, eine Sängerin und zwei Hausfrauen Dienst; BAR E 27 14850: Major (Emil; Anm. d. Autorin) Häberli, der Kdt. von Pfalz, Tätigkeitsbericht von Pfalz, 1.9.1942-31.12.1943, 22.1.1944, S. 2.

35 Privatarchiv Broda: Broda, May B., Audiovisuelles Interview mit Hans Eckert, Dreharbeiten zum Dokumentarfilm „Spione in Luzern – Vom heissen in den Kalten Krieg", Spuren der Zeit, SF DRS 1998, Luzern, Hotel Schweizerhof, 14.10.1997, Kassette Beta SP Nr. 8, 4'00"-4'15" und 9'34"-12'46".

36 Erst im März 1943 wurden die FHD und HD unter den „Pfalz"-Mitarbeitenden mit Stahlhelm, Gasmaske, Verbandsmaterial, Erkennungsmarke und Pistole ausgerüstet; BAR E 27 9983 Bd. 1: Hptm. (Emil; Anm. d. Autorin) Häberli an Major (i.Gst. Max; Anm. d. Autorin) Waibel, 23.3.1943; Hptm. Häberli an Hptm. Toggweiler, Ter.Kdo. Basel, 8.7.1942; Hptm. Toggweiler, Ter.Kdo. Basel, an Ter.Insp. 2, Adjutantur, 9.7.1942.

37 Broda, May B., Agentinnen im Schatten; Dies., Agentin im Schatten der Bundespolizei; Braunschweig, Pierre-Th., Geheimer Draht nach Berlin, S. 119 und 373, Anm. 102.

38 BAR E 27 9983 Bd. 1: Hptm. Toggweiler, Ter.Kdo. Basel, an Ter. Insp. 2, Adjutantur, 15.7.1942.

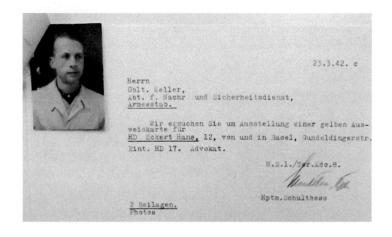

<u>*Abb. 12*</u>: *Der Antrag der N.S.1 / Ter.Kdo.8, die gelbe Ausweis-karte des Nachrichtendienstes für HD Hans Eckert, von und in Basel, Gundeldingerstr. 46, 23.3.1942, auszustellen; Copyright 2015 Schweizerisches Bundesarchiv Bern.*[39]

HD Hans Eckert war bei Beginn des Zweiten Weltkriegs „dem Radfahrer-Meldedienst beim Stadtkommando" Basel zugeteilt.[40] Major Häberli holte ihn als sogenannten „Intellektuellen HD-Soldat, Hilfsdienst-Soldat" mit dem Sold ei-

---

39 BAR E 27 1000/721 Bd. 2043, alt E 27 9543: Hptm. Schulthess, N.S.1 / Ter.Kdo.8, an Oblt. Keller, Abt. f. Nachr. und Sicherheitsdienst, 23.3.1942, mit Foto.

40 Privatarchiv Broda: Eckert, Hans, Mein Lebenslauf, undatiert, maschinengeschrieben, Kopie, S. 14; Stalder, Dieter (Sohn von Eckerts Studienfreund Dr. jur. Walter Stalder; Anm. d. Autorin), Interview mit Hans Eckert-Meier, Geboren 1912, 20.5.1999, maschinengeschrieben, Fotokopie, S. 1-2: Ausgangspunkt dieses Gesprächs war Hans Eckerts „Zusammenfassung meiner Aussagen anlässlich der Befragung in Luzern durch Frau May Broda im Oktober 1997".

nes Oberleutnants zur „Pfalz".[41] Zuerst bearbeitete Eckert Denunziationen gegen schweizerische wie deutsche Staatsangehörige, denen man vorwarf, „Nazis" zu sein. Gewisse Anzeigen leitete er an die Staatsanwaltschaft Basel-Stadt im Lohnhof weiter, andere betreffend Spionage und Nachrichtendienst gingen an die Bundesanwaltschaft in Bern. „1942 wurde er mit ‚schwebendem Übergang' Mitglied des Schweizer Geheimdienstes" (vgl. Abb. 12).[42] Als Mitbetreuer der Basler Hilfsstelle für Flüchtlinge seit 1938[43] brachte er nützliche und einschlägige Kenntnisse mit. Denn jedes „Pfalz"-Mitglied sollte eine Gewährsfrau oder einen Gewährsmann aus Deutschland haben, die oder der dank ihrer oder seiner Verbindungen „Nachrichten zutragen konnte."[44]

---

41 „Der gegenwärtige Bestand (der M.S.B.; Anm. d. Autorin) ist: 8 HD. 12 (Intellektuelle) und 3 FHD. Davon wurde der Kdt., Hptm Häberli und 1 Kpl. von Anfang an direkt vom Armeestab Gruppe Id besoldet. Die übrigen 6 Herren und 3 FHD. werden vom Ter.Kdo. Basel besoldet"; BAR E 27 9983 Bd. 1: Hptm. Toggweiler, Verb. Of., Territorial Kommando Basel, an Ter.Insp. 2, 15.7.1942; Major i.Gst. Max Waibel, N.S.1 / Ter.Kdo.8, Armeekommando, Schweizerische Armee, an Kant. Ausgleichskasse, Basel-Stadt, 20.10.1942; Major Häberli, F.P. No. 5012, an Oblt. Müller, Gruppe Ib, Armeekommando, Schweizerische Armee, 29.12.1944.

42 Privatarchiv Broda: Stalder, Dieter, Interview mit Hans Eckert-Meier, S. 3; BAR E 27 1000/721 Bd. 2043, alt E 27 9543: Armeekommando, Schweizerische Armee, A.H.Q. an N.S.1, 24.3.1942, und Hptm. Schulthess, N.S.1 / Ter.Kdo.8, an Oblt. Keller, Abt. f. Nachr. und Sicherheitsdienst, 23.3.1942, mit Foto: vgl. Abb. 12.

43 Privatarchiv Broda: Eckert, Hans, Mein Lebenslauf, S. 14; Stalder, Dieter, Interview mit Hans Eckert-Meier, S. 9; vgl. den Beitrag in dieser Publikation von Hermann Wichers „Hans Eckert. Flüchtlingshilfe, Exil, Widerstand und Nachrichtendienst 1935-1945".

44 Privatarchiv Broda: Stalder, Dieter, Interview mit Hans Eckert-Meier, S. 4.

Eckerts Hauptnachrichtenquelle war der in Basel lebende deutsche Emigrant Heinrich Georg Ritzel, der sozialdemokratischer Abgeordneter im hessischen Landtag und im Reichstag gewesen war und einen grossen Bekannten- und Freundeskreis in Deutschland und Europa besass. Er erstellte wöchentlich einen Lagebericht, den einer seiner beiden Söhne jeweils an Eckerts private Wohnadresse überbrachte (vgl. Abb. 13). Ausserdem hatte Eckert nachrichtendienstlich Kontakt zu weiteren Exildeutschen.[45]

45 Privatarchiv Broda: Broda, May B., Audiovisuelles Interview mit Hans Eckert, Dreharbeiten zum Dokumentarfilm „Spione in Luzern – Vom heissen in den Kalten Krieg", Spuren der Zeit, SF DRS 1998, Luzern, Hotel Schweizerhof, 14.10.1997, Kassette Beta SP Nr. 9, 11'00"- 12'04"; Stalder, Dieter, Interview mit Hans Eckert-Meier, S. 4-5; Eckert, Hans, Mein Lebenslauf, S. 16; vgl. den Beitrag in dieser Publikation von

Zudem befragte er Schweizer Staatsangehörige, die von einer Reise aus Deutschland zurückkehrten, über ihre Eindrücke, was teilweise in seinem Anwaltsbüro geschah.[46]

Abb. 14:   *Hans Eckert-Meier mit den beiden Söhnen Felix (*1936) und Lukas (*1941); Copyright 2015 Familie Imboden-Eckert, Küsnacht.*

Er leistete wie alle „Pfalz"-Angehörigen den Dienst in Zivil,[47] führte seine eigene Anwaltspraxis weiter und lebte bei seiner Familie (vgl. Abb. 14).[48] Seine Ehefrau Dr. jur. Annemarie

Hermann Wichers „Hans Eckert. Flüchtlingshilfe, Exil, Widerstand und Nachrichtendienst 1935-1945".

46 Privatarchiv Broda: Stalder, Dieter, Interview mit Hans Eckert-Meier, S. 5.

47 BAR E 27 9983 Bd. 1: H.Q., Kommando 2. Armeekorps an N.S.1 / Ter.Kdo.8., 2.9.1942: u.a. „Armee-Ausweis A.Z. (Ausweiskarte für Zivilpersonen; Anm. d. Autorin) Nr. 65094 HD Eckert Hans".

48 Der Nachrichtendienst der Schweizer Armee funktionierte auch im Krieg nach dem Milizsystem. Nach der Auflösung der Anwaltspraxis seines Arbeitgebers Ernst Wolf, der nach Venezuela emigriert war, gründete Eckert am 1.5.1941 sein eigenes Büro am Aeschengraben 27, wo bereits sein Schwiegervater Dr. jur. Meier mit seinen Compagnons

Eckert-Meier war über seine Geheimdiensttätigkeit informiert und teilte sein Engagement gegen den Nationalsozialismus. Für kurze Zeit erledigte sie selbst Kurierdienste – Frauen mit Kinderwagen galten als unverfängliche, ideale Botinnen – , zog sich aber zugunsten der wachsenden Familie zurück (vgl. Abb. 15).[49]

Abb. 15: Annemarie Eckert-Meier (1911-2001) und der zweitgeborene Sohn Lukas; Copyright 2015 Familie Imboden-Eckert, Küsnacht.

Veit und Matter praktizierte, und übernahm Wolfs Klientele. 1942 erhielt er den Nachmusterungsbefehl, wurde diensttauglich befunden und in die Flab-Rekrutenschule aufgeboten. Dank der Intervention des „Pfalz"-Kommandanten Häberli musste er nicht einrücken; Privatarchiv Broda: Eckert, Hans, Mein Lebenslauf, S. 20-21.

49 Privatarchiv Broda: Stalder, Dieter, Interview mit Hans Eckert-Meier, S. 8; Mündliche Informationen von Annemarie Eckert-Meier und Norina Häberli-Frey an die Autorin, 1993.

Hans und Annemarie Eckert-Meier war bewusst, dass die Aktivitäten der „Pfalz" nicht nur gefährlich waren, sondern sie beide gefährdeten: Denn diese wurden sowohl genauestens von den Deutschen beobachtet und sogar aus den eigenen Reihen der Basler Polizei verraten,[50] als auch von der Schweizerischen Bundespolizei (BUPO) auf illegale und unneutrale Machenschaften hin überwacht, wobei Gefängnisstrafen drohten.[51]

Die Agentenlinie „Mo"

Unter der Federführung von Hauptmann Bernhard Mayr von Baldegg, des Stellvertreters von Major Max Waibel, begann die N.S.1 Deserteure der deutschen Wehrmacht zu rekrutieren, sie im Spezialinterniertenlager Dietschiberg in Luzern auf ihre militärischen Kenntnisse und ihre Zuver-

---

50 Dass es ein Kriminalkommissär vom Lohnhof war, erfuhr Eckert bzw. die Öffentlichkeit erst gegen Kriegsende; Privatarchiv Broda: Stalder, Dieter, Interview mit Hans Eckert-Meier, S. 5; Fuhrer Hans Rudolf, Spionage gegen die Schweiz. Die geheimen deutschen Nachrichtendienste gegen die Schweiz im Zweiten Weltkrieg 1939-1945, Allgemeine Schweizerische Militärzeitschrift (ASMZ), Frauenfeld 1982, S. 70 und 123-124, Anm. 150-154; Lüönd, Karl, Spionage und Landesverrat in der Schweiz, Zürich 1977, Bd. 2, S. 32; BAR E 4320 1968/195 Bd. 25; vgl. den Beitrag in dieser Publikation von Hermann Wichers „Hans Eckert. Flüchtlingshilfe, Exil, Widerstand und Nachrichtendienst 1935-1945".

51 „Die Bundespolizei war übrigens immer hinter uns her, ‚isch is immer ufghockt'"; Privatarchiv Broda: Stalder, Dieter, Interview mit Hans Eckert-Meier, S. 7; Eckert, Hans, Zusammenfassung meiner Aussagen anlässlich der Befragung in Luzern durch Frau May Broda im Oktober 1997. Meine Aussagen wurden verwertet für den am 19.3.1998 ausgestrahlten Fernsehfilm ‚Spione in Luzern' (eine Videokassette dieser Ausstrahlung ist in meinem Besitz), maschinengeschrieben, Fotokopie, S. 12-14: Der Zeitzeuge benutzte als Grundlage Brodas Transkriptionen der audiovisuellen Interviews vom 13.10. und 14.10.1997, Luzern, Rathaus und Hotel Schweizerhof, und veränderte sie teilweise.

lässigkeit zu prüfen und schickte sie „auf freiwilliger Basis"[52] Undercover ins feindliche Ausland, um gezielt verschiedene Informationen einzuholen. Nach Eckert handelte es sich vor allem um deutsche, elsässische, österreichische und jugoslawische Deserteure der deutschen Wehrmacht (vgl. Abb. 16).[53] Anreize finanzieller, idealistischer – „für Deutschland und gegen Hitler" – und / oder abenteuerlicher Natur spielten eine Rolle.[54]

Der Betrieb der „Mo"-Linie war kostenintensiv wie die „Aufstellung der Ausgaben betr. Linie -Mo- in der Zeit vom 1.5.-31.7.43" belegt. Die Gesamtausgaben für die drei Monate beliefen sich auf damalige 16'889.18 Schweizer Franken.[55] Die Vorschüsse von 500 bis 1500 damaligen Schweizer Franken wurden jeweils sehnlich erwartet.[56] Die Finanzierung sowie die technische und waffenmässige Ausrüstung der „Mo"-Linie waren anfangs ein Problem, das sich dank der Zusammenarbeit mit den britischen und amerikanischen Alliierten löste.[57]

---

52 Privatarchiv Broda: Stalder, Dieter, Interview mit Hans Eckert-Meier, S. 6.

53 Privatarchiv Broda: Broda, May B., Audiovisuelles Interview mit Hans Eckert, Dreharbeiten zum Dokumentarfilm „Spione in Luzern – Vom heissen in den Kalten Krieg", Spuren der Zeit, SF DRS 1998, Luzern, Hotel Schweizerhof, 14.10.1997, Kassette Beta SP Nr. 8, 4'50"ff.; BAR E 27 9983 Bd. 1: („Pfalz"-Mitarbeiter Dr. E.; Anm. d. Autorin) Rutishauser, Feldpostnummer 5012, an Feldpostnummer 5015, 1.3.1943: Vgl. Abb. 16.

54 Koch, Magnus, Fahnenfluchten, S. 197, Anm. 58.

55 Privatarchiv Broda: Aufstellung der Ausgaben betr. Linie -Mo- in der Zeit vom 1.5.-31.7.43, Fotokopie, 1993 von Hans Eckert der Autorin zur Verfügung gestellt.

56 BAR E 27 9983 Bd. 1: („Pfalz"-Mitarbeiter Dr. Eugen; Anm. d. Autorin) Rutishauser, Feldpostnummer 5012, an Feldpostnummer 5015, 1.3.1943; vgl. Abb. 16 und 17.

57 Steinacher, Gerald, Südtirol und die Geheimdienste 1943-1945, Innsbrucker Forschungen zur Zeitgeschichte, Bd. 15, Innsbruck, Wien - München 2000, S. 87 und 115, Anm. 338: BAR E 4320 (B) 1991/243

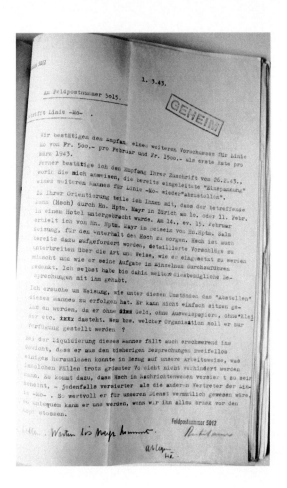

Abb. 16: „Betrifft Linie -Mo-";
Copyright 2015 Schweizerisches Bundesarchiv
Bern.[58]

Bd. 75 und 76 Dossier 13.921: Bericht an den Herrn Staatsanwalt,
6.1.1949; Srodes, James, Allen Dulles. Master of Spies, Washington DC
1999, S. 232ff..

58 BAR E 27 9983 Bd. 1: („Pfalz"-Mitarbeiter Dr. Eugen; Anm. d. Autorin) Rutishauser, Feldpostnummer 5012, an Feldpostnummer 5015,
1.3.1943; vgl. Abb. 16. und 17.

Teilweise setzte man die Desertierten unter Druck wie den fahnenflüchtigen 18jährigen Wehrmachtsgefreiten A. S., der Mitte März 1942 die Schweiz erreicht hatte. Weil er Eindruck mit seinen Angaben über deutsche Methoden der Bunkerzerstörung machte, wollte ihn Mayr von Baldegg als Agenten verwenden. Man drohte ihm, er müsse nach Deutschland zurück, „es sei denn, er würde für die Schweiz als Agent arbeiten." Darauf musste er einen Antrag stellen, dass er bereit sei, nach Deutschland zu gehen. Zuerst wurde er nach Bern und weiter nach Zürich zur mehrwöchigen Ausbildung geschafft. Er erhielt eine neue Identität als „Hans Moser aus Baselland", gefälschte Papiere und eine neue deutsche Uniform. Sein erster Auftrag lautete, die deutschen Flugabwehrstellungen im Grenzbereich auszukundschaften. Allen Abmachungen zum Trotz traf sich A.S. mit seinen Eltern und seiner Braut, die ihn baten sich den deutschen Behörden zu stellen, was er tat und dabei die Schweizer verriet.[59] Weil ein Vertrauensmann des Schweizer Nachrichtendienstes beim deutschen Sicherheitsdienst in Stuttgart die N.S.1 über den Überläufer informierte, konnten die Einsatzmethoden der „Mo"-Agenten rechtzeitig geändert werden.[60]

Die Agentenlinie „Mo" gewann ab 1943 immer mehr an Bedeutung. Wegen der fortschreitenden Desorganisation infolge der Kriegsereignisse wurde es immer schwieriger, Nachrichten aus dem „Lager der Achsenmächte" zu bekommen. Bestehende Linien und Netze wurden durch Aufdeckungen, Bombardemente, Fluchtbewegungen und Mobilmachungen zerrissen oder suchten neu Rückendeckung bei den vor-

59 A.S. wurde zu einer Zuchthausstrafe verurteilt und überlebte den Zweiten Weltkrieg; Koch, Magnus, Fahnenfluchten, S. 170, 188 und 191-198; BAR E 27 9732: Fred Bieri, London, an Oblt. J. Keller, Generalstabsabteilung, EMD, Bern, durch Kurier, 9.7.1946; A. S., Freiburg i.B., an Bieri, 1946.

60 BAR E 27 9732: Max Waibel, Oberstlt. i.Gst., Luzern, an K. Frick, Oberstlt. i.Gst., Sektionschef Generalstabsabteilung, Bern, 17.7.1946.

marschierenden Alliierten. Deshalb baute der militärische Nachrichtendienst der Schweiz seinen Agentendienst aus.[61]

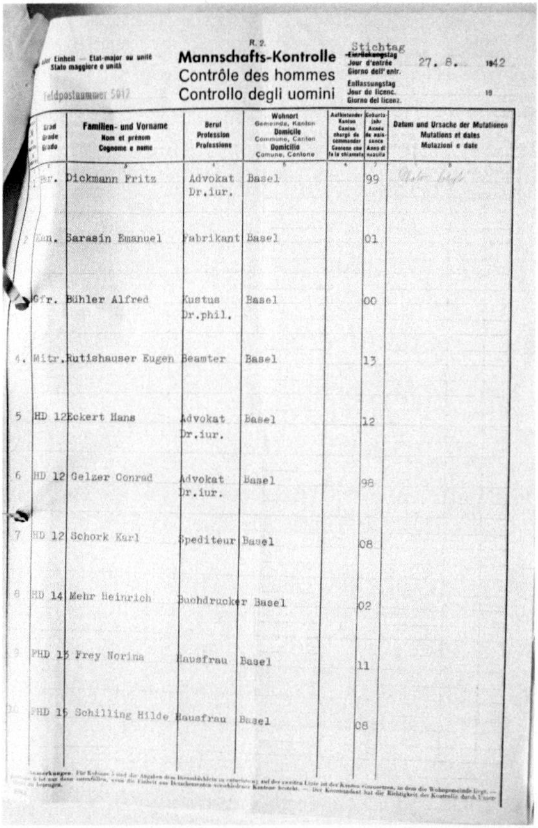

R. 2.

Einheit — Etat-major ou unité
Stato maggiore o unità

Feldpostnummer 5017

Mannschafts-Kontrolle
Contrôle des hommes
Controllo degli uomini

Stichtag ~~Einrückungstag~~ Jour d'entrée Giorno dell' entr. 27. 8. 1942
Entlassungstag Jour de licenc. Giorno del licenz. 19

Nr.	Grad Grade Grado	Familien- und Vorname Nom et prénom Cognome e nome	Beruf Profession Professione	Wohnort Gemeinde, Kanton Domicile Commune, Canton Domicilio Comune, Cantone	Aufbietender Kanton Canton chargé de commander Cantone che fa la chiamata	Geburtsjahr Année de naissance Anno di nascita	Datum und Ursache der Mutationen Mutations et dates Mutazioni e date
1	[illegible]r.	Dickmann Fritz	Advokat Dr.iur.	Basel		99	[illegible]
2	Kan.	Sarasin Emanuel	Fabrikant	Basel		01	
3	Gfr.	Bühler Alfred	Kustus Dr.phil.	Basel		00	
4	Mitr.	Rutishauser Eugen	Beamter	Basel		13	
5	HD 12	Eckert Hans	Advokat Dr.iur.	Basel		12	
6	HD 12	Gelzer Conrad	Advokat Dr.iur.	Basel		98	
7	HD 12	Schork Karl	Spediteur	Basel		08	
8	HD 14	Mehr Heinrich	Buchdrucker	Basel		02	
9	FHD 1[illegible]	Frey Norina	Hausfrau	Basel		11	
10	FHD 1[illegible]	Schilling Hilde	Hausfrau	Basel		08	

Abb. 17: *„Pfalz", Mannschaftskontrolle, 27. August 1942;*
Copyright 2015 Schweizerisches Bundesarchiv Bern[62]

61 Braunschweig, Pierre-Th., Geheimer Draht nach Berlin, S. 119 und 126-127 .

62 BAR E 27 9983 Bd.1.

Auf der „Pfalz" amteten der stellvertretende Leiter Fhr. Fritz Dickmann als Agentenführer und Hans Eckert als Agentenbegleiter der „Mo"-Linie (vgl. Abb. 17).[63] Eckert musste die Agenten so ausrüsten und in Basel, Bern oder Zürich – „nur in diesen 3 Städten liessen wir die Agenten wohnen"[64] – unterbringen, dass sie nicht aufflogen. „Dafür waren natürlich die entsprechenden fremdenpolizeilichen Papiere zu besorgen. Ausserdem habe ich sie regelmässig mit den nötigen Subsistenzmitteln versehen",[65] – inklusive dem Lohn für ihre Agentenaufträge[66] – „und darauf geachtet, dass sie korrekt angezogen waren.

Die weitere Aufgabe war, diese Leute auf die einzelnen Einsätze in Deutschland vorzubereiten. Sie gingen nämlich jeweils in deutschen Uniformen hinaus, meist in einem Unteroffiziersgrad (Feldwebel), weil man sah, dass das die wirksamste Art war, um etwas Zweckdienliches hereinzuholen. Dafür wurde nicht nur die Uniform angepasst, wofür ein extra Schneider[67] in Basel zur Verfügung stand, sondern man musste sie auch mit den notwendigen Militärpapieren versehen. Zu diesem Zwecke arbeitete bei uns in Basel ein Typograph,[68] der die Soldbüchlein herstellte und alle möglichen Befehlsformulare und Lebensmittelmarken druckte.

---

63 BAR E 27 14850: Major (Emil; Anm. d. Autorin) Häberli, der Kdt. von Pfalz, Tätigkeitsbericht von Pfalz, 1.9.1942-31.12.1943, 22.1.1944, S. 2.

64 Privatarchiv Broda: Eckert, Hans, Mein Lebenslauf, S. 16.

65 Ib.: Eckert, Hans, Zusammenfassung meiner Aussagen anlässlich der Befragung in Luzern durch Frau May Broda im Oktober 1997, S. 10.

66 Ib.: Stalder, Dieter, Interview mit Hans Eckert-Meier, S. 6.

67 Es handelte sich um den tschechischen Schneider Vodicka, der sein Atelier beim Münsterbergbrunnen an der Freien Strasse visàvis der Confiserie Pellmont und dem Rechtsanwaltbüro Dr. Wolf hatte; Ib.: Stalder, Dieter, Interview mit Hans Eckert-Meier, S. 6.

68 Er hiess Heinrich Mehr, HD, und war „Pfalz"-Mitarbeiter; Ib.: Eckert, Hans, Mein Lebenslauf, S. 17; vgl. Abb. 17.

Die verwendeten Materialien waren selbstverständlich authentisch. ... Er musste auch die Stempel beschaffen, ... mit dem Pleitegeier darauf und dem Hakenkreuz."[69]

Eckert „begleitete ‚seine Agenten' bis zu ihrem Übertritt über die Landesgrenze. Oft war dies in Bettingen bei der sog. ‚Eisernen Hand', einem langen, schmalen Stück Schweizergebiet, das wie ein Finger ins Deutsche Hoheitsgebiet hineinragt. Nachts oder früh am Morgen fanden die Grenzübertritte statt. Einmal lag zu viel Schnee. Die Spuren des Agenten hätten einer deutschen Patrouille in die Augen stechen müssen. ‚Do hämer d'Iebig abbroche.' Zuerst musste man in Erfahrung bringen, wann und wie oft die (deutschen; Anm. d. Autorin) Patrouillen durchkamen. ... Mit den Agenten wurde auch genauestens verabredet, wann und wo sie wieder in die Schweiz überzutreten hätten. So konnten die Schweizer Grenzwachtorgane entsprechend informiert werden. Dort wurden sie ... wieder in Empfang genommen."[70]

---

69 Ib.: Eckert, Hans, Zusammenfassung meiner Aussagen anlässlich der Befragung in Luzern durch Frau May Broda im Oktober 1997, S. 10.
70 Ib.: Stalder, Dieter, Interview mit Hans Eckert-Meier, S. 7.

Der Agenteneinsatz des österreichischen Wehrmachtsdeserteurs und Widerstandskämpfers Fritz Molden alias „Gerhard Wieser"

Abb. 18: *Fritz Molden (8.4.1924-11.1.2014); Copyright 2015 Dokumentationsarchiv des österreichischen Widerstands, Wien.[71]*

Hans Eckert erzählte gerne mündlich wie schriftlich von seinem Einsatz, Ende November oder Anfang Dezember 1944[72] den desertierten österreichischen Wehrmachtsgefreiten Fritz Molden (vgl. Abb. 18) mit drei weiteren Agenten der Schweizer Linie „Mo" ins feindliche, deutschbesetzte Italien zu schleusen. Dies tat er wohl auch deshalb, weil Mol-

---

71 DöW – Dokumentationsarchiv des österreichischen Widerstands, Wien: Überparteiliche Widerstandsgruppen, „O5 (das für Österreich stehende Symbol)"; http://de.doew.braintrust.at/m18sm86.html.

72 Molden, Fritz, Fepolinski und Waschlapski auf dem berstenden Stern. Bericht einer unruhigen Jugend, Wien-München-Zürich 1976, S. 292 und 298.

den bereits 1976 seine Kontakte mit dem Nachrichtendienst der Schweizer Armee, die im August 1944 begannen,[73] in seiner Autobiographie „Fepolinski und Waschlapski auf dem berstenden Stern. Bericht einer unruhigen Jugend"[74] offen gelegt hatte. Eckert variierte jeweils seine Darstellungen[75] leicht oder ergänzte sie mit nicht selbst erlebten Anleihen aus Moldens Jugenderinnerungen.[76] In seinen Augen war es mal die „interessanteste",[77] „grösste"[78] oder „abenteuerlichste"[79] Aktion seiner rund dreissig Agentenausschleusungen, die er zwischen Sommer 1942 und Frühling 1945 normalerweise im Raum Basel durchgeführt hatte:[80] „Der grösste Einsatz der Linie MO (sic) wurde mit einer Gruppe von 4 Mann getätigt, bestehend aus 2 französischen Offizieren der Armee De Gaulle, die die Aufgabe hatten, einen Radiosender in ein Kriegsgefangenenlager in Oesterreich zu bringen, einem

73 BAR E 5791 1000/ 949 Bd. 1022: Matrikel-Nr. 2719; E 5791#1988/6#1*: Karteikarte des Militärinternierten.

74 Molden, Fritz, Fepolinski und Waschlapski auf dem berstenden Stern, S. 292-295.

75 Zum Beispiel: Privatarchiv Broda: Broda, May B., Audiovisuelles Interview mit Hans Eckert, Dreharbeiten zum Dokumentarfilm „Spione in Luzern – Vom heissen in den Kalten Krieg", Spuren der Zeit, SF DRS 1998, Luzern, Hotel Schweizerhof, 14.10.1997, Kassette Beta SP Nr. 9, 00'32"-7'43"; Eckert, Hans, Zusammenfassung meiner Aussagen anlässlich der Befragung in Luzern durch Frau May Broda im Oktober 1997. Meine Aussagen wurden verwertet für den am 19.3.1998 ausgestrahlten Fernsehfilm ‚Spione in Luzern' (eine Videokassette dieser Ausstrahlung ist in meinem Besitz), maschinengeschrieben, Fotokopie, 19 Seiten: Der Zeitzeuge benutzte als Grundlage Brodas Transkriptionen der audiovisuellen Interviews vom 13.10. und 14.10.1997, Luzern, Rathaus und Hotel Schweizerhof, und veränderte sie teilweise.

76 Privatarchiv Broda: Eckert, Hans, Mein Lebenslauf, S. 18.

77 Ib.: Broda, May B., Audiovisuelles Interview mit Hans Eckert, Kassette Beta SP Nr. 9, 00'32"ff.

78 Ib.: Eckert, Hans, Zusammenfassung meiner Aussagen, S. 15.

79 Ib.: Eckert, Hans, Mein Lebenslauf, S. 17.

80 Ib.: Stalder, Dieter, Interview mit Hans Eckert-Meier, S. 8.

jungen Oesterreicher, Sohn eines Wiener Verlegers, der aus der deutschen Armee in Italien desertiert war, und aus einem serbischen Deserteur. Ich fuhr mit dieser Gruppe, begleitet von einer FHD und mit allem nötigen Material versehen, nach Lugano, wo übernachtet wurde. Tags darauf wurden wir von Hauptmann Bustelli, dem Kommandanten der Aussenstelle Nell,[81] abgeholt und nach Muggio transportiert, wo sämtliches Material auf einen Maulesel geladen wurde, mit dem wir zu einer unmittelbar an der italienischen Grenze gelegenen Jagdhütte aufbrachen. Dort drinnen erfolgte die militärische Einkleidung der Agenten. Der ziemlich umfangreiche Radiosender wurde als Beutegerät deklariert mit Bestimmungsort bei irgendeiner deutschen Kommandostelle in Italien.[82] Just im Augenblick, als die italienischen Partisanen, die als Passeure angeworben waren, sich dem mit Stacheldraht versehenen Grenzhag näherten, erschien eine schweizerische Grenzpatrouille – das zuständige Kommando war offenbar von unserem Vorhaben nicht rechtzeitig benachrichtigt worden –, die es zunächst über unser

81 Die Meldesammelstelle (M.S.) Lugano mit dem Decknamen „Nell" diente zusammen mit den M.S. Basel alias „Pfalz", Schaffhausen alias „Salm", St. Gallen alias „Speer" und Zürich alias „Uto" unter der Führung der Nachrichtenstelle N.S.1 alias „Rigi" „vorwiegend der Nachrichtenbeschaffung für das Büro Deutschland (‚D'; Anm. d. Autorin) und später auch für das Büro Italien (‚I'; Anm. d. Autorin)." Der promovierte Jurist Guido Bustelli leitete seit 1941 „Nell" und baute bis Kriegsende ein Netz von rund 300 Informanten in Italien auf; Kurz, Hans Rudolf, Nachrichtenzentrum Schweiz. Die Schweiz im Nachrichtendienst des zweiten Weltkriegs, Frauenfeld und Stuttgart 1972, S. 14-15; Braunschweig, Pierr-Th., Geheimer Draht nach Berlin, S. 121-122; vgl. Abb. 10 „Die Gliederung des Nachrichten- und Sicherheitsdienstes der Schweizer Armee, Februar 1941".

82 Molden, Fritz, Fepolinski und Waschlapski auf dem berstenden Stern, S. 294: Auf alle vier Seitenflächen der Kiste, die das französische Funkgerät barg, wurden grosse weisse Zettel aufgeklebt: „Achtung, nicht stürzen, vorsichtig behandeln – alliierten Beutefunkgerät! Das Gerät geht im Auftrag des Oberbefehlshabers der Heeresgruppe C-Südwest an das stellvertretende Generalkommando XVII. AK Wien."

Tun zu orientieren galt. Die Leute liessen sich soweit beruhigen, machten jedoch zur Bedingung des Grenzübertritts, dass keine Waffen mitgeführt werden durften, was wir auch zusagten. Nach erfolgtem Grenzübertritt[83] und nach dem Verschwinden der Patrouille schmissen wir schliesslich die zurückgelassenen MP's (Maschinenpistolen; Anm. d. Autorin) unseren Leuten über den Hag nach. Der Einsatz glückte übrigens restlos."[84]

Dass der Agentenführer Fritz Dickmann neben der „Pfalz"-FHD Doris Meister,[85] die zur Betreuung des zwanzigjährigen Molden abkommandiert war,[86] auch Eckert als Begleitung für diese Fahrt ausgewählt hatte, dürfte auf dessen gute Französischkenntnisse zurückzuführen sein.[87] Laut Moldens Jugendvita „Fepolinski und Waschlapski auf dem berstenden Stern", deren Gehalt wissenschaftlichen Kriterien

---

83 Ib., S. 262-264: Molden schilderte den beliebten Agenten-, Flüchtlings-, Partisanen- und Schmugglerweg detailliert: Die Schweizer Grenze wurde „bei Tre Croci, am südöstlichen Abhang des Monte Bisbino überschritten. Von dort ging es auf steilen Schmugglerpfaden hinunter nach Cernobbio, einer ... kleinen Ortschaft am Comersee. ... der Marsch von Sagno bis Cernobbio oder umgekehrt dauerte unter guten Verhältnissen nur drei Stunden. Ausserdem war die Grenze selbst wegen ihrer Unzugänglichkeit an dieser Stelle relativ unbewacht. Diese Vorteile waren grösser als der Nachteil der sehr scharfen Bewachung der Strassen unten in Cernobbio und im Raume Como. Von Cernobbio konnte man mit dem ,Filobus' – einem Elektroautobus – nach Como fahren. Dort gab es dann zwei Eisenbahnlinien nach Mailand. Auf der Schweizer Seite brauchte man von Sagno hinunter nach Lugano mit dem Auto höchstens eine knappe halbe Stunde."

84 Privatarchiv Broda: Eckert, Hans, Zusammenfassung meiner Aussagen, S. 15.

85 Ib.: Eckert, Hans, Mein Lebenslauf, S. 17-18; Ders., Mündliche Information an die Autorin, Basel, 14.1.2011.

86 Molden, Fritz, Fepolinski und Waschlapski auf dem berstenden Stern, S. 251-252.

87 Privatarchiv Broda: Eckert, Hans, Mein Lebenslauf, S. 11-12: Der Autor hatte 1936 eine Stage bei einem Anwalt in Paris absolviert.

ziemlich standhalten soll,[88] aber einiges zugunsten des Autors ummünzt, sprachen die beiden französischen Agenten, Capitaine De Rellier, der eigentlich Guy Duc de Roquemorel hiess und sich als Freiwilliger für einen Einsatz in Österreich gemeldet hatte, um dort „die Untergrundbetreuung der französischen Kriegsgefangenen an die Hand zu nehmen", und Leutnant Foussé, „ein Offizier des französischen Geheimdienstes", so gut wie kein Deutsch und Molden praktisch kein Französisch. Untereinander verständigten sich die angeblichen Wehrmachtsangehörigen auf Englisch![89]

Molden beschrieb die Lösung des Problems so: „Um die Sprachschwierigkeiten zu umgehen, fertigten wir mit Hilfe unserer Schweizer Freunde" – die Fälscher waren Fritz Dickmann und seine Mitarbeiter der „Pfalz"[90] – „falsche Soldbücher und Sonderausweise für de Rellier und Foussé aus, nach denen sie beide lothringische Freiwillige für die deutsche Wehrmacht und zu einem wallonischen Regiment der SS eingerückt" und nun „dem ,Meldekopf Zeno' des Reichssicherheitshauptamtes in Mailand zugeteilt ... waren. Sie dienten bei derselben Einheit, auf die auch meine falschen Militärausweise und Soldbücher lauteten."[91]

Molden hatte sich als Agent des Nachrichtendienstes der Schweizer Armee bereits ein paarmal über die schweize-

88 Eine quellenkritische Darstellung über Moldens Wirken steht bis heute aus; Pirker, Peter, Subversion deutscher Herrschaft. Der britische Kriegsgeheimdienst SOE und Österreich, Zeitgeschichte im Kontext, Bd. 6, Göttingen 2012, S. 404; Goldner, Franz, Flucht in die Schweiz. Die neutrale Schweiz und die österreichische Emigration 1938-1945, Wien 1983, S. 90-115.

89 Molden, Fritz, Fepolinski und Waschlapski auf dem berstenden Stern, S. 292-293.

90 Privatarchiv Broda: Eckert, Hans, Mein Lebenslauf, S. 17.

91 Molden, Fritz, Fepolinski und Waschlapski auf dem berstenden Stern, S. 293.

rische Grenze nach Norditalien gewagt,[92] um militärische Intelligence zu beschaffen, welche die Schweizer zuerst den Franzosen und Briten später dem amerikanischen OSS weiterreichten.[93] Er benutzte auch für seine dritte Pendelreise nach Wien – sie dauerte bis zum 24. Dezember 1944[94] – die von der „Pfalz" verpasste militärische Identität des 1919 geborenen und ledigen deutschen „Feldwebels Hans Steinhauser".[95] Um alle Agenten mit ihrer Tarnung vertraut zu machen, hatte sie „Pfalz" einer Schnellbleiche in „militärischer Grundausbildung deutscher Provenienz" mit Uniformanprobe im Basler Hotel „National" unterzogen.[96]

Ein weiteres von Eckert hervorgehobenes Handicap dieser Aktion, die ungewöhnlich viel Agenten umfasste, bildete das „altmodische französische Funkgerät", das vierzig Kilogramm schwer sowie rund 1,50 Meter lang und 1,20 Meter hoch war. Molden erinnerte sich in seiner Lebensbeschrei-

---

92 Die meisten Einsätze führten Molden zwischen September 1944 und Anfang Mai 1945 nach Österreich, siebenmal nach Wien und zwölfmal nach Innsbruck. Erstmals war er bis nach Wien auf seinem dritten Auslandseinsatz vom 6.9.-30.9.1944 unterwegs. Anfang November 1944 kehrte er von seiner zweiten Wienreise wieder in die Schweiz zurück. Anfang Januar 1945 übertrat er die Schweizer Grenze bei Basel-Burgfelden und fuhr via Montbéliard und Besançon nach Paris, wo es um die Zusammenarbeit der österreichischen „Widerstandsgruppe O5" und des neugegründeten „Provisorischen Österreichischen Nationalkomitees (POEN)" mit den Alliierten, dem „Deuxième Bureau der Ersten Französischen Armee", der SOE, dem OSS und den Russen, ging; Ib., S. 290, 271, 292 und 311-312; Pirker, Peter, Gegen das Dritte Reich. Sabotage und transnationaler Widerstand in Österreich und Slowenien 1938-1940, Klagenfurt und Wien 2010, S. 424-425.

93 Pirker, Peter, Subversion deutscher Herrschaft, S. 424.

94 Molden, Fritz, Fepolinski und Waschlapski auf dem berstenden Stern, S. 292 und 303.

95 Ib., S. 269-270; Lüönd, Karl, Spionage und Landesverrat in der Schweiz, Zürich 1977, Bd. 1, S. 102-103: Molden stellte dem Autor sämtliche gefälschten Ausweise zur Abbildung zur Verfügung.

96 Molden, Fritz, Fepolinski und Waschlapski auf dem berstenden Stern, S. 293.

bung, dass schon dessen Schmuggel aus dem deutsch-besetzten Frankreich über die Grenze nach Basel dem Agentenführer der „Pfalz" Fritz Dickmann viel Arbeit beschert hatte. Aber die beiden französischen Geheimdienstler konnten nur mit diesem Gerät funken![97] Nach Molden wurde das angeblich alliierte Beutestück mit viel Glück durch das deutschbesetzte Norditalien über den Brenner-Pass nach Innsbruck geschafft, wo man es im Geographie-Institut der Universität aufstellte.[98] Dieses lag in der Nähe des physikalischen Instituts, in dem regelmässig offizielle Morseübungen stattfanden. Der französische Sender blieb so bis Ende des Zweiten Weltkriegs unentdeckt. Molden zählte ihn zu „den wichtigsten Funkstellen" im Einflussgebiet der antifaschistischen Widerstandsgruppe „O5",[99] eine Abkürzung für „OE", „Oesterreich",[100] der er angehörte.

Wer war dieser Molden und welche Rolle spielte er? Fritz hatte sich zusammen mit seinem älteren Bruder Otto Molden[101] seit 1937/38 im katholisch-konservativen Jugendwiderstand

---

97 Ib., S. 294.

98 Der Professor für Geografie an der Innsbrucker Universität Richard Heuberger war ein „gar nicht soweit entfernter Onkel" von Molden. Die gesamte Familie Heuberger mit Sohn Helmut und Tochter Gertrud unterstützten die östereichische „Widerstandsgruppe O5"; Ib., S. 278-279.

99 Ib., S. 298.

100 Die „5" stand für den fünften Buchstaben im Alphabet; Hoerschelmann, Claudia, Exilland Schweiz, S. 200, Anm. 651.

101 Otto Molden war 1937 „einer der Führer des ‚Freikorps', einer ‚vaterländischen' Mittelschüler- und Studentenorganisation" (östereichisches Jungvolk; Anm. d. Autorin), die vor Österreichs „Anschluss" an das Dritte Reich am 13. März 1938 dem „‚Sturmkorps', einer von (Kurt) Schuschnigg (östereichischer Bundeskanzler von 1934 bis 1938; Anm. d. Autorin) persönlich ins Leben gerufenen ... militanten Truppe zur Bekämpfung nationalsozialistischer Untergrund- und Terrorgruppen", unterstellt wurde; Molden, Fritz, Fepolinski und Waschlapski auf dem berstenden Stern, S. 69; Molden, Otto, Der Ruf des Gewissens. Der österreichische Freiheitskampf 1938-1945, Wien - München 1958, S. 55-56; Luza, Radomir V., The Resistance in Austria 1938-1945, Minne-

in Wien engagiert.[102] Ihr Elternhaus war bürgerlich-konser-
vativ: die Mutter Paula von Preradović war eine bekannte
Schriftstellerin und der Vater Ernst Molden gab die „Neue
Freie Presse" in Wien heraus. Fritz, bereits mehrmals von der
Gestapo verhaftet,[103] wurde Anfang Juli 1942 in die deutsche
Wehrmacht eingezogen.[104] 1943 nach Italien verlegt, nahm
er Verbindung mit italienischen Partisanen, u.a. mit dem
„Comitato di Liberazione Nazionale per l'Alta Italia (CL-
NAI)" in Mailand, und mit deutschen Widerstandsgruppen
auf.[105] Er konnte sich einer Verhaftung durch die Flucht in
die Schweiz entziehen. Aber, bevor er seine Destination, das
britische Konsulat in Lugano, erreichte, wurde er in Mendrisio wegen illegalen Grenzübertritts verhaftet.[106]

apolis 1984, S. 44 und 48; Neugebauer, Wolfgang, Der österreichische
Widerstand 1938-1945, Wien 2008, S. 139-140.

102 Molden, Fritz, Fepolinski und Waschlapski auf dem berstenden
Stern, S. 70; Neugebauer, Wolfgang, Der österreichische Widerstand
1938-1945, S. 197.

103 Neugebauer, Wolfgang, Der österreichische Widerstand 1938-
1945, S. 197.

104 Molden, Fritz, Fepolinski und Waschlapski auf dem berstenden
Stern, S. 169.

105 Steinacher, Gerald, Südtirol und die Geheimdienste 1943-1945, S.
113.

106 Molden, Fritz, Fepolinski und Waschlapski auf dem berstenden
Stern, S. 234-245.

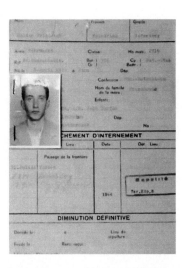

<u>Abb. 19</u>: *Die Karteikarte des Friedrich, genannt Fritz, Molden*
als Militärinternierter der Schweiz;
Copyright 2015 Schweizerisches Bundesarchiv
Bern.[107]

Die Schweizer Behörden internierten Molden, der sein Soldbuch auf sich trug, als Deserteur der Wehrmacht (vgl. Abb.
19).[108] Am 3. August 1944 gab er bei seiner Einvernahme in
Luzern zu Protokoll: „Ich kam zum Feldmarsch-Bat. 356
nach Toscana.[109] Am 5. Juli wurde durch Verrat meine geheime politische Tätigkeit für die Wiedererrichtung eines
unabhängigen Oesterreichs bei meinen höheren Kdo.-Stel-
len bekannt. Die ebenfalls in dieser Geheimorganisation
befindlichen Oesterreicher wurden noch am selben Abend
erschossen, während es mir durch Zufall gelang zu fliehen.
Mit Hilfe eines falschen Reiseausweises gelang es mir nach
Mailand zu entkommen, wo ich durch gleichgesinnte Freun-

---

107 BAR E5791#1988/6#1*.

108 Ib.

109 Molden, Fritz, Fepolinski und Waschlapski auf dem berstenden
Stern, S. 215ff.

de versteckt und mit Zivilkleidern und Geld versorgt wurde. Ich hielt mich vom 6. bis zum 29. Juli versteckt in Mailand auf. Am 30. reiste ich wiederum mit falschen Papieren nach Varese, von wo ich mit Hilfe von Einheimischen die Grenze überschritt. Ich meldete mich sofort beim nächsten Schweizergrenzposten. Ich möchte noch hinzufügen, dass ich mich nicht als Deutscher fühle, sondern der englischen Gesandtschaft als der legalen Vertreterin des oesterreichischen Komitees in London unterstehe."[110]

Österreich war seit dem 13. März 1938 ans Dritte Reich „angeschlossen". Es gab nie eine österreichische Exilregierung. Das österreichische politische Exil war in viele Gruppen aufgesplittert.[111] Nachdem am 1. November 1943 die drei grossen Alliierten, Grossbritannien, die USA und die UdSSR, in Moskau die Wiederherstellung eines unabhängigen Österreichs unter der Bedingung deklariert hatten, dass

110 Molden hat diese Angaben in seiner Jugendautobiographie variiert: Der Verrat, der zu seinem Untertauchen führte, fand bereits im Mai 1944 statt. Die Fahndung nach ihm wurde Anfang Juni eingestellt, aber das deutsche Feldgericht 1012 in Bologna verurteilte ihn in Abwesenheit zum Tode. Von Varese fuhr Molden mit der Lokalbahn nach Porto Ceresio am Lago Lugano und gelangte mit Hilfe von Passeuren zu Fuss über die Schweizer Grenze nach Mendrisio, wo ihn die „Schweizerische Kantonale Fremdenpolizei" auf dem Bahnhof erwischte und ihn in Bellinzona ins Gefängnis steckte; BAR E 5791 1000/949 Bd. 233: 2-9135: Einvernahmeprotokoll, Polizeiabteilung, Eidgenössisches Justiz- und Polizeidepartement, Luzern, 3.8.1944, S. 1; Molden, Fritz, Fepolinski und Waschlapski auf dem berstenden Stern, S. 220, 227-228, 230, 238-239 und 242-243.

111 Otto Habsburg, die Galionsfigur der österreichischen Legitimisten oder Monarchisten im Exil, war damals isoliert und genoss auch in den USA wenig Rückhalt; Bischof, Günter, Anglo-amerikanische Planungen und Überlegungen der österreichischen Emigration während des Zweiten Weltkriegs für Nachkriegs-Österreich, in: Rauchensteiner, Manfred / Etschmann, Wolfgang (Hrsg.), Österreich 1945. Ein Ende und viele Anfänge, Forschungen zur Militärgeschichte, Bd. 4, Graz, Wien und Köln 1997, S. 16 und 18-21.

die resistenzdistante Bevölkerung[112] einen eigenen Beitrag zur Befreiung vom nationalsozialistischen Regime leiste, meldete das private Schweizer Nachrichten-„Büro Ha" am 13. November 1943,[113] „in Wien sei ein österreichisches Widerstandskomitee gebildet worden, das mit den Alliierten und mit dem Londoner Komitee ‚Freies Österreich'[114] ‚über angelsächsische diplomatische Vertretungen in neutralen Ländern Fühlung' habe."[115]

Folgt man Moldens Erinnerungen an seine Jugend, so hatte ihm an Weihnachten 1942 in Wien „Major Alfons Freiherr von Stillfried anvertraut, dass er und einige Freunde aus dem ehemaligen österreichischen Offizierskorps dabei seien, eine aktive militärische Widerstandsgruppe in Österreich aufzubauen." Molden erhielt „eine Anschrift in Berlin, und zwar die einer Verbindungsstelle des Obersten Erwin von Lahou-

---

112 Es gab im „angeschlossenen" Österreich, „Ostmark" oder „die sieben Alpen- und Donaugaue" genannt, verschiedene kleine Widerstandsgruppen, die von der Gestapo unerbittlich verfolgt wurden, den Alliierten kaum bekannt und bis über die 1960er Jahre hinaus in Österreich tabu waren. Widerständische galten als Verräter. „Die Befreiung Österreichs von der NS-Herrschaft war nicht das Werk einer Revolution von unten oder eines nationalen Freiheitskampfes, sondern das ausschliessliche Verdienst der alliierten Streitkräfte"; Neugebauer, Wolfgang, Der österreichische Widerstand 1938-1945, S. S.11-17 und 237.

113 Das Büro „Ha" in Kastanienbaum, Luzern, bzw. Teufen war ein vom eigenwilligen Schweizer Major Hans Hausamann privat eingerichteter Nachrichtendienst, der von der Schweizer Armee honoriert wurde. Eine seiner Linien war der in Luzern wohnhafte deutsche Emigrant Rudolf Roessler alias „Lucy"; Braunschweig, Pierre-Th., Geheimer Draht nach Berlin, S. 101-105.

114 Damals bildete sich in London ein neues liberal-konservativ-sozialistisches Bündnis ohne Kommunisten und Monarchisten unter dem Namen „Österreichische Vertretungskörperschaft"; Pirker, Peter, Subversion deutscher Herrschaft, S. 100 und 123-124.

115 Heideking, Jürgen, Die „Schweizer Strassen" des europäischen Widerstands, in: Schulz, Gerhard (Hrsg.), Geheimdienste und Widerstandsbewegungen im Zweiten Weltkrieg, Göttingen 1982, S. 169 und 186.

sen", der bis 1938 in der österreichischen Spionageabwehr und nun auf der Dienststelle des Chefs der „Abwehr" des militärischen Geheimdienstes im Oberkommando der Wehrmacht Admiral Wilhelm Canaris[116] arbeitete. Im Frühling 1943 traf Molden in Berlin sowohl mit Vertretern des deutschen Widerstandes als auch mit Lahousen zusammen, mit dessen Hilfe er nach Italien versetzt wurde.[117] Auch nach seinem Untertauchen im Mai 1944 hatte er weiter Fühlung mit Alfons von Stillfried in Wien und erhielt per Kurier die Botschaft, dass er sich, „wie im April in Wien besprochen, in die Schweiz begeben und dort in Lugano das britische Konsulat anrufen und nach einem Mr. de Coundes (der richtige Name war ‚Lancelot de Garston';[118] Anm. d. Autorin) fragen solle. Mit Hilfe von drei Kennworten hätte ich mich vorzustellen. Sobald dies gelungen sei, sollte ich konkrete Kontakte zwischen der österreichischen Widerstandsbewegung und den Alliierten, für die de Coundes agiere, herstellen. Anschliessend sollte ich dann nach Mailand zurückkehren und versuchen, die Partisanengruppen am Campo di Fiori (bei Varese; Anm. d. Autorin)" – es ging um den Aufbau „einer österreichischen Partisanengruppe aus Angehörigen deutscher Stä-

116 Admiral Wilhelm Canaris stand dem Nationalsozialismus ablehnend gegenüber. Er wurde im Frühjahr 1944 abgesetzt. Einer seiner engen Mitarbeiter war Hans-Bernd Gisevius, Agent der deutschen „Abwehr" in Zürich; Senn, Hans, Der schweizerische Generalstab. Anfänge einer Dissuasionstrategie während des Zweiten Weltkrieges, Bd. 7, Basel - Frankfurt am Main, 1995, S. 79; Braunschweig, Pierre-Th., Geheimer Draht nach Berlin, S. 293, 302 und 521.

117 Molden, Fritz, Fepolinski und Waschlapski auf dem berstenden Stern, S. 201-203.

118 Lancelot de Garston war der „für ‚intelligence' (SIS; Anm. d. Autorin) zuständige britische Vizekonsul in Lugano". Er war in Italien aufgewachsen und sprach perfekt italienisch; Cronologia, in: Viganò, Marino / Pedrazzini, Dominic M., „Operation Sunrise", Atti del convegno internazionale (Locarno, 2 maggio 2005), Lugano 2006, S. 275; Steinacher, Gerald, Südtirol und die Geheimdienste 1943-1945, S. 54.

be und Einheiten in der Lombardei" in Zusammenarbeit
mit italienischen Partisanen[119] – „doch noch auf die Beine zu
stellen und schliesslich baldmöglichst Verbindung mit Wien
wiederaufnehmen."[120]
Der Wehrmachtsangehörige Molden, der zu den italienischen Partisanen übergelaufen war, hatte also nach seiner
Darstellung den Auftrag, den Vertreter des britischen Geheimdienstes in Lugano zu kontaktieren. Er hatte die Beziehungen und Schleichwege der Partisanen benutzt, die
bereits seit längerem in Verbindung mit „SOE-Switzerland"
standen, was der militärische Schweizer Nachrichtendienst
duldete.[121] „Special Operations Executive (SOE)" war eine
1940 geschaffene Abteilung des MI6 für unkonventionelle
Kriegsführung wie Propaganda, Psychologie und Sabotage.[122] „SOE-Switzerland" in Bern hatte sich nach dem „Blitz-

---

119 Ib., S. 218-219.

120 Ib., S. 236.

121 Stafford, David, Mission Accomplished. SOE and Italy 1943-45,
London, 2011, S. 96, 88-105, 112-144, 118-119, 123-128; Steinacher, Gerald, Südtirol und die Geheimdienste 1943-1945, S. 49-54; Ward, Alex,
Die Rolle der britischen Streitkräfte bei der Besetzung Südösterreichs
im Jahr 1945, in: Rauchensteiner, Manfred / Etschmann, Wolfgang
(Hrsg.), Österreich 1945. Ein Ende und viele Anfänge, Forschungen
zur Militärgeschichte, Bd. 4, Graz, Wien und Köln, 1997, S. 165-166;
Pizzoni, Alfredo, Alla guida del CLNAI. Memorie per i Figli, Bologna
1995, S. 212-213.

122 Stafford, David, Britain and European Resistance 1940-1945. A
Survey of the Special Operations Executive with Documents, London
1980, S. 36; Pirker, Peter, Gegen das Dritte Reich, S. 10-11, 36-43, 74,
95-98 und 113-114: Ein Vorläufer der SOE war die „D (destruction)
Section" des britischen SIS bzw. MI6, die im April 1938 die Idee zu „einem subversiven Netzwerk in Europa gegen NS-Deutschland" hatte.
Dazu wurden österreichische und deutsche NS-Gegner, weniger klas-
sische Geheimdienstleute als Intellektuelle und Medienschaffende, in
besetzten und neutralen Ländern angeheuert. In der Schweiz bestanden Verbindungen zu österreichischen Monarchisten, die wiederum
Beziehungen mit deutschen Exil-Sozialisten unterhielten, die z.B. mit
Sprengstoff, den der Leiter des französischen Büros der „D Section"

sieg" der deutschen Wehrmacht in Europas Westen 1940 in erster Linie der Unterstützung des französischen Widerstands gewidmet,[123] um später zögerlich den italienischen und schliesslich den österreichischen „Befreiungskampf von der Schweiz aus zu stimulieren", indem „diesseits und jenseits der Grenzen immer mehr Personal" herangezogen wurde.[124] Die Schweizer Behörden stellten üblicherweise einen alliierten, nicht durch diplomatische Immunität geschützten Agenten, z.B. einen SOE-Mann, der beim illegalen Grenzübertritt gefasst wurde, „für drei Wochen unter ‚Quarantäne'. Konnten ihm keine weiteren Straftaten angelastet werden, kam er nach Ablauf dieser Frist in der Schweiz auf freien Fuss."[125]

---

nach Basel gebracht hatte, am 5.2.1940 ein Munitionsdepot der Wehrmachtsfestungsanlage nahe des Tüllinger Hügels in die Luft jagten. Weitere solcher Aktivitäten wurden durch Frankreichs Niederlage im Mai 1940 zunichte gemacht.

123 Ein SOE-Agent war z.B. der royalistisch gesinnte französische Widerstandskämpfer Guillain de Bénouville, der Verwandte in der Schweiz besass. Er reiste wegen Geldlieferungen für das Résistance-Netz „Carte", das von 1941 bis 1942 entlang der Mittelmeerküste operierte, regelmässig via Annemasse nach Genf und Bern. „Gegen die Zusage, der Schweiz die ‚ordre de bataille' der deutschen Divisionen in Südfrankreich zu liefern, liessen ihn die eidgenössischen Sicherheitsorgane gewähren." Bénouville stiess später zur starken südfranzösischen Widerstandsorganisation „Combat", die seit Anfang 1943 mit dem Genfer Büro des amerikanischen „Office of Strategic Services (OSS)", das grosszügige finanzielle Unterstützung bot, in Verbindung stand; Heideking, Jürgen, Die „Schweizer Strassen" des europäischen Widerstands, S. 154-156; De Bénouville, Guillain, Le sacrifice du matin, Paris 1946; Ders., The Unknown Warriors. A Personal Account of the French Resistance, New York 1949.

124 Heideking, Jürgen, Die „Schweizer Strassen" des europäischen Widerstands, S. 150.

125 Nach der Quarantäne eines SOE-Agenten trat „die ‚clandestine communications'-Abteilung (DF) in Aktion. Sie schleuste ihn nach England zurück, wo er sich auf einen neuen Einsatz vorbereiten durfte"; Ib., S. 150.

Molden sass zwei Tage im Gefängnis in Bellinzona,[126] bis seine Angaben „teils über das schweizerische Generalkonsulat in Wien, teils anhand der Original-Fahndungsblätter von Gestapo und Wehrmachtskontrolle" sowie vermutlich „von Leuten wie (Hans-Bernd; Anm. d. Autorin) Gisevius[127] in der deutschen Botschaft in Bern, die mit der Schweiz kooperierten,"[128] überprüft waren. Militärisch bewacht wurde er am 3. August 1944 in einem Gefangenencoupé der Schweizerischen Bundesbahnen (SBB) nach Luzern transportiert. Im Hotel „Schweizerhof" verhörten ihn mehrere Herren, unter denen der Leiter der NS1 „Rigi" Max Waibel war, wie sich später herausstellte. Am 7. August 1944 verlegte man Molden ins Speziallager für Deserteure, das man in einem ehemaligen Hotel auf dem Dietschiberg oberhalb von Luzern eingerichtet hatte.[129] Es folgten weitere Einvernah-

126 Molden, Fritz, Fepolinski und Waschlapski auf dem berstenden Stern, S. 243-245.

127 Hans-Bernd Gisevius, ein deutscher Agent der „Abwehr" der Wehrmacht in Zürich, war eine schillernde Figur. Im Frühjahr 1943 stellte er die Verbindung zwischen seinem Chef Admiral Wilhelm Canaris und Roger Masson, dem Chef des schweizerischen Nachrichten- und Sicherheitsdienstes, her. Er fungierte auch als Verbindungsmann zwischen deutschen Widerstandskreisen und Allen Dulles, OSS; Urner, Klaus, Der Schweizer Hitler-Attentäter, Frauenfeld / Stuttgart 1980, S. 15-28; Braunschweig, Pierre-Th., Geheimer Draht nach Berlin, S. 302, 422 und 521.

128 Lüönd, Karl, Spionage und Landesverrat in der Schweiz, Bd. 1, S. 101.

129 BAR E 5791 1000/949 Bd. 233: 2-9135: Einvernahmeprotokoll, Polizeiabteilung, Eidgenössisches Justiz- und Polizeidepartement, S. 1-2; Signalementsblatt für die Erstellung von Flüchtlingsausweisen, 1 Seite; Schweizerisches Zentralbureau, Erkennungsdienst, Bern, mit Fingerabdrücken, 1 Seite: „Jetzt verhaftet: in Luzern, wegen: zur Verfügung der N.S.1"; Empfangslager: Dietschiberg, 1 Seite, alle Dokumente: Luzern, 3.8.1944; E5791#1988/6#1*: vgl. Abb. 19; Molden, Fritz, Fepolinski und Waschlapski auf dem berstenden Stern, S. 245-246.

men durch Waibel, Fritz Dickmann, „Pfalz",[130] und anderen, die damals alle einen „nom-de-guerre",[131] einen Decknamen, führten. Sie endeten damit, dass Molden als Agent des militärischen Nachrichtendienstes der Schweiz angeworben wurde. Zu seinem Verbindungsmann bestimmte man Dickmann.[132]

Die beiderseitigen Verpflichtungen wurden nach Molden „in schriftlicher Form als Art Aide Mémoire festgelegt".[133] Weil trotz intensiver Suche weder Vertragsoriginale noch -kopien aufzufinden waren, ging der österreichisch-amerikanische Jurist und Zeithistoriker Franz Goldner 1982 mit dem Schweizer Militärhistoriker Hans Rudolf Kurz einig, dass sich die Forschung auf Moldens Überlieferung stützen könne.[134] Die Schweizer Seite hatte fünf Pflichten zu erfüllen:

1. Sie würde die Ein- und Ausreise der Kuriere und anderen Angehörigen der österreichischen Widerstandsbewegung tolerieren sowie Dokumente, Papiere, Waffen und Funkgeräte liefern.

2. „Vertreter der österreichischen Widerstandsbewegung" erhielten die Erlaubnis, „mit Hilfe schweizerischer Armeebehörden in schweizerischen Internierungslagern Personen österreichischer Nationalität (Flüchtlinge und Emigranten)

130 BAR E 27 9983 Bd. 1: Rigi, St. (Stoos?; Anm. d. Autorin), an Pfalz, z.H. Dr. Dickmann, Einschreiben, 10.8.1944: „Es wäre mir recht, wenn Sie wie abgemacht am Montag auf Rigi kommen könnten. Der erwähnte Typ scheint geeignet zu sein, immerhin möchte ich ihn – aus Gründen, die ich Ihnen noch auseinandersetzen werde – nicht länger hier behalten, wenn er nicht verwendet wird."

131 Privatarchiv Broda: Handschriftliche Anmerkung von Hans Eckert, in: Molden, Fritz, Fepolinski und Waschlapski auf dem berstenden Stern, S. 246.

132 Molden bezeichnete den Mitarbeiter der M.S.B. „Pfalz" Fritz Dickmann als „Leiter der Abteilung für Österreich des Schweizerischen Militärischen Geheimdienstes"; Ib., S. 246.

133 Ib., S. 251.

134 Goldner, Franz, Flucht in die Schweiz, S. 96-98 und S. 143-144.

ausfindig zu machen, die bereit waren, mit der Widerstandsbewegung zusammenzuarbeiten oder zu kämpfen und nach Österreich zu gehen."

3. „Die Schweizer Behörden gestatteten der österreichischen Widerstandsbewegung, eine Verbindungsstelle Schweiz aufzubauen."

4. „Die Schweiz würde Grenzübertritte durch unsere Leute in einer Weise tolerieren und unterstützen, die es uns möglich machen sollte, Personen, in die von Deutschen besetzten Gebiete oder auch umgekehrt in die Schweiz zurückzubringen."

5. „Der Kontakt zwischen österreichischen Stellen und Vertretern alliierter Vertretungsbehörden (sic) in der Schweiz würde stillschweigend geduldet werden."[135]

Drei Aufgaben übernahmen Molden und seine zu formierende Nachrichtengruppe:

1. „Die Vertreter der österreichischen Widerstandsbewegung würden alles tun, um alle in ihren Besitz gelangenden Meldungen und Nachrichten über Bewegungen deutscher Truppenteile sowie über alle taktischen strategischen militärischen und anderen Entwicklungen im deutschbesetzten Raum Italiens, Österreichs und im deutschen Reichsgebiet zu sammeln" und den Schweizer Behörden schnell zur Verfügung zu stellen.

2. „Die Vertreter der österreichischen Widerstandsbewegung würden alles in ihrer Kraft stehende tun, um Meldungen über etwaige Pläne deutscher oder anderer Stellen, die schweizerische Neutralität zu verletzen, schnellstens den Schweizer Behörden zur Kenntnis zu bringen, und auch solche Aktivitäten deutscher oder italienischer Stellen und Behörden tunlichst zu behindern."

---

135 Molden, Fritz, Fepolinski und Waschlapski auf dem berstenden Stern, S. 249-250.

3. „Die österreichischen Widerstandsbewegung und ihre Vertreter würden ihnen von den Schweizer Stellen eingeräumte Privilegien und erteilte Unterstützung in keiner Weise so extensiv in Anspruch nehmen, dass dadurch die schweizerische Neutralität in irgendeiner Weise verletzt werden könnte. Sie würden insbesondere auf Schweizer Hoheitsgebiet nichts unternehmen, was den schweizerischen Gesetzen zuwiderlaufen könnte."[136]

Fraglich ist, dass der 20jährige Molden, ein Mitglied der zwar grössten und überwiegend bürgerlich-konservativen österreichischen Widerstandsgruppe, die seit 1944 das Kürzel „O5" trug,[137] eine solche Vereinbarung sozusagen als alleiniger „Vertreter der österreichischen Widerstandsbewegung" schliessen konnte. Abgesehen davon musste Molden seine Infiltrationslinie mit Meldeköpfen im deutschbesetzten Italien und Österreich erst aufbauen.

Interessant ist, wie sich der österreichische Deserteur gegen das Problem des Hochverrats absicherte,[138] denn sich zu Österreich bekennen, war von Frühling 1938 bis Frühling 1944 ein Straftatbestand in der Schweiz. Die Schweiz hatte Österreichs „Anschluss" an Deutschland diplomatisch anerkannt. Alles, was sich gegen das Deutsche Reich richtete, galt als

---

136 Ib., S. 250-251; Goldner, Franz, Flucht in die Schweiz, S. 91-92: Der Plan.

137 Die „O5" wurde, „vor allem durch ihre politischen Aktionen und alliierten Kontakte, eine der wichtigsten Widerstandsgruppen"; Neugebauer, Wolfgang, Der österreichische Widerstand 1938-1945, S. 196.

138 Seit 1933 behandelten die Schweizer Behörden alle Flüchtlinge engherzig: die jüdischen wurden bis Juli 1944 nicht als politische Flüchtlinge anerkannt und die politischen wurden überwacht, bei Aktivitäten strafrechtlich verfolgt, verurteilt, ins Gefängnis und in Lager gebracht. Geflüchtete Soldaten und Deserteure waren separat interniert; Hoerschelmann, Claudia, Exilland Schweiz, S. 171; Stadelmann Jürg, Umgang mit Fremden in bedrängter Zeit. Schweizerische Flüchtlingspolitik 1940-1945 und ihre Beurteilung bis heute, Zürich 1998, S. 122-128.

Hochverrat; dies erscheint mit der strikten Neutralität der Schweiz nicht vereinbar.[139]

Zur Routine gehörte der Auftrag des Schweizer Nachrichtendienstes an die Agenten der „Mo"-Linie, politische und militärische Informationen, beispielsweise über die „ordre de bataille" aller Kriegsbeteiligten, zu beschaffen.[140] Heute staunt man, dass die Mitarbeiter des Nachrichtendienstes der Schweizer Armee die Unterstützung einer fremden Untergrundbewegung, die gegen das Deutsche Reich mit Sabotage und Gewalt vorgehen wollte und eine Kooperation mit den Alliierten anstrebte, auf Papier festgehalten und dieser sogar erlaubt haben sollen, faschistische und nationalsozialistische Bestrebungen daran zu hindern, Schweizer Neutralität zu verletzen. Wie auf Grund der neueren Forschung feststeht, schlossen die Agentenführer der Aussenstellen des militärischen Schweizer Nachrichtendienstes in Genf, St. Gallen und Basel in Absprache mit ihren Vorgesetzten solche Übereinkünfte mit ausländischen Agenten und ermöglichten ihnen, Freiwillige für die zu gründenden Nachrichtengruppen unter Flüchtlingen, Desertierten und Militärinternierten anzuwerben. Dabei wurde in Kauf genommen, dass die Überläufer weitere Mandate für andere Geheimdienste wahrnahmen und ihre eigenen Nachrichten-, Sabotage- und Widerstandsnetze aufbauten.[141]

---

139 Goldner, Franz, Flucht in die Schweiz, S. 46-47.

140 BAR E 27 14850: Major i.Gst. Max Waibel, Armeekommando, Gruppe Ib, Nachrichtendienst, Bericht über die Tätigkeit der N.S.1 / Ter.Kdo.8 während des Aktivdienstes 1939 / 1945, 20.7.1945, S. 6-10, 12-13 und 16; Steinacher, Gerald, Südtirol und die Geheimdienste 1943-1945, S. 84-85.

141 Beispiele sind: 1. der erwähnte royalistische Guillain de Bénouville, der als französischer Widerstandskämpfer mit der britischen SOE, später dem amerikanischen OSS kooperierte; 2. der dem italienischen Königshaus verbundene Partisan Edgardo Sogno, der italienische Offiziere aus dem Militärinterniertenlager in Mürren für seine von der SOE in Bern betreute und vom Büro „Nell" in Lugano unterstützte Unter-

Fritz Molden lief beim Nachrichtendienst der Schweizer Armee unter dem Decknamen „Gerhard Wieser". Ohne diplomatischen Schutz zu geniessen, erhielt er einen entsprechenden Flüchtlingsausweis, Zivilkleider, Geld und Rationierungskarten und wurde in einem evangelischen Hospiz[142] im Zürcher Niederdorf untergebracht.[143] Bald traf er auf engagierte österreichische Emigranten wie Hans Thalberg, Ludwig Klein und Kurt Grimm. Gemeinsam gründeten sie im September 1944 die „Verbindungsstelle Schweiz", welche die Zusammenarbeit zwischen innerösterreichischem Wi-

---

grundarbeit anwerben durfte, die u.a. die Eisenbahn- und Telefonverbindungen Genua-Nizza-Turin-Aosta sabotierte; 3. der österreichische Monarchist Wilhelm Bruckner, ein Konkurrent von Molden, wurde vom Schweizer Geheimdienst zuerst über das Genfer Büro nach Frankreich, seit September 1944 unter Führung des St. Galler Büros „Speer" ins Vorarlbergische geschickt und die Zusammenstellung einer eigenen Nachrichtengruppe, den „militärischen Wehrverband Patria" mit österreichischen Flüchtlingen und Desertierten aus Schweizer Lagern erlaubt. Bruckner bediente neben den Schweizern auch die britische SOE, die ihm den Decknamen „Black" gab, und den französischen Geheimdienst; Heideking, Jürgen, Die „Schweizer Strassen" des europäischen Widerstands, S. 154-156; Stafford, David, Mission Accomplished, S. 103-106; Pirker, Peter, Subversion deutscher Herrschaft, S. 404-405; Steinacher, Gerald, Südtirol und die Geheimdienste 1943-1945, S. 84-95.

142 Vermutlich war es das „Hospiz Seilerhof"; BAR E 27 9983 Bd. 1: Major Häberli, Pfalz, an Hauptmann Mayr (von Baldegg; Anm. d. Autorin), 17.8.1944; Molden, Fritz, Fepolinski und Waschlapski auf dem berstenden Stern, S. 252.

143 Am 27.9.1944 kam Molden gemäss seiner Militärinterniertenkarte ins Bezirksgefängnis Bern und wurde laut Stempel des Territorialkommandos „Ter.Kdo. 8" im Jahr 1944 „Rapatrié"! Nach seiner Autobiographie war er inzwischen als Agent des schweizerischen militärischen Nachrichtendiensts zweimal über die Schweizer Südgrenze ins deutschbesetzte Italien gependelt und auf seiner dritten Auslandsreise vom 6.9.-30.9.1944 erstmals bis nach Wien aus- und wieder in die Schweiz eingereist; Molden, Fritz, Fepolinski und Waschlapski auf dem berstenden Stern, S. 270 und 291; BAR E5791#1988/6#1*: vgl. Abb. 19.

derstand, militärischem Nachrichtendienst der Schweiz[144] und den Alliierten arrangieren sollte.[145]

Kurt Grimm verkehrte auch im Haus des Verlegers Emil Oprecht in Zürich, wo auch Major Hans Hausamann, der Leiter des privaten, vom Generalstab geduldeten schweizerischen Nachrichtendienstbüros „Ha", die amerikanischen Geheimdienstleute des OSS Allan Dulles, Gero von Schulze-Gaevernitz und Gerry (Gerhard) P. Van Arkel,[146] ein- und ausgingen.[147] Sehr bald wurde via von Schulze-Gaevernitz und Van Arkel die Verbindung zwischen Fritz Molden und dem OSS-Leiter Dulles in Bern hergestellt.[148] Dulles engagierte Molden, gab ihm den Codenamen „K-28" und urteilte über ihn: „1. ... I am now convinced that he represents best link to Austrian resistance which we have yet seen. Despite his youth he is extraordinarily mature and thoroughly indoctrinated in clandestine operations and procedure.

2. While willing to assist utmost in SI (Secret Intelligence; Anm. d. Autorin), his primary desire is to serve as link to

---

144 Es wurde der „Verbindungsstelle Schweiz" gestattet, Mitarbeiter für den Kurierdienst der österreichischen Widerstandsbewegung nach Vorarlberg in Schweizer Militärinterniertenlager zu rekrutieren. Angeworben wurden u.a. Oberleutnant Hans Berthold aus Oberösterreich, Herwig Wallnoefer und Louis Mittermayer überliefert, die anhand der Eidgenössischen Militärinterniertenkartei noch zu überprüfen wären; Goldner, Franz, Flucht in die Schweiz, S. 99.

145 Ib., S. 98-100; Hoerschelmann, Claudia, Exilland Schweiz, S. 213, 193-196 und 338-343.

146 Hans Eckert fuhr mit Gerry Van Arkel die Waffenstillstandsurkunde nach Schaanwald (Liechtenstein); Privatarchiv Broda: Handschriftliche Anmerkung von Hans Eckert, in: Molden, Fritz, Fepolinski und Waschlapski auf dem berstenden Stern, S. 265; Petersen, Neal H. (Ed.), From Hitler's Doorstep. The Wartime Intelligence Reports of Allen Dulles 1942-1945, Pennsylvania 1996, S. 5.

147 Heideking, Jürgen, Die „Schweizer Strassen" des europäischen Widerstands, S. 170.

148 Srodes, James, Allen Dulles, S. 309; Molden, Fritz, Fepolinski und Waschlapski auf dem berstenden Stern, S. 265-267.

Austrian resistance and he therefore desires to work in accord with us, Zulu (Engländer; Anm. d. Autorin), French and Russians. View courtesies and encouragement shown to him by the French, he expects to take radio operator to be furnished by them from Besançon, on early trip to Vienna. ..."[149]

Abschliessend ist anzumerken, dass die Ausschleusung des österreichischen Wehrmachtsdeserteurs und Widerstandskämpfers Molden, der beiden französischen Geheimdienstleute und des serbischen Agenten[150] mit dem französischen Funkapparat und den Maschinenpistolen im November/ Dezember 1944, welche die beiden „Pfalz"-Angehörigen HD Hans Eckert und FHD Doris Meister bewerkstelligten, wegen der Platzierung des französischen Sendegerätes in Innsbruck einen Erfolg bedeutete. Zweitens kehrte Molden, dem es nie gelang, mit den Briten ins Geschäft zu kommen,[151] er-

---

149 Petersen, Neal H. (Ed.), From Hitler's Doorstep, S. 434: Document 5-16. Telegram 3037 to Caserta, January 24, 1945.

150 Bisher ist es nicht gelungen, die Rolle des serbischen Agenten zu klären. – Die französische Maquis-Widerstandsbewegung und die Tito-Partisanen wurden lange von den Briten und ihrem SOE bevorzugt behandelt. Im September 1944 traf sich der kommunistische Marschall Josip Broz Tito, der erfolgreich jugoslawische Partisanen befehligte und Ansprüche auf Triest und Kärnten stellte, im Geheimen mit dem sowjetischen Staats- und Parteichef Joseph Stalin in Moskau. Im November 1944 spitzten sich die Spannungen zwischen den jugoslawischen Partisanen und den britischen Geheimdienststellen zu. Als sich im Winter 1944 italienische Partisanen in Nordostitalien Titos Kommando unterstellten, vertraute der britische Premier Winston Churchill Tito nicht mehr; Steinacher, Gerald, Südtirol und die Geheimdienste 1943-1945, S. 52-53.

151 „Der Chef der (britischen; Anm. d. Autorin) X Section der SOE, Ronald Thornley, erklärte im April 1945: ‚Wieser (Molden) ... was in touch with one of our agents in Switzerland by whom he was sent to Paris to seek British help. British embassy refused to see him but he was received by Americans, French and Russians.' Wenn man bedenkt, dass die SOE-Repräsentanten" H. I. „Bill" Matthey, zu besserer Tarnung seit Januar 1945 britischer Vizekonsul in Basel, und Robert

neut heil aus deutschem Feindesgebiet in die Schweiz zurück und überbrachte „als Emissär der Widerstandsgruppe O5" die Nachricht, es habe sich am 12. Dezember 1944 ein „Provisorisches Österreichisches Nationalkomitee (POEN)"[152] aus der „O5"-Leitung in Wien gebildet. Allerdings übertrieb er die Repräsentativität und den Rückhalt des POEN in der österreichischen Bevölkerung schamlos, wohl, um die politi-

---

Jellinek, der den kranken John McCaffery, SOE-Chef in Bern, vertrat, „bereits eng mit dem erzkonservativen Exilanten Wilhelm Bruckner kooperierten, kann das britische Desinteresse wohl auf entsprechend negative Informationen Brucknen über Molden zurückgeführt werden." Das OSS in Paris indessen spannte den wagemutigen und offenbar kontaktreichen Passeur mit dem widerstandserprobten österreichischen Sozialisten Ernst Lemberger zusammen. „Ursprünglich hatte sich die für Lemberger geplante Operation – in Anlehnung an Andreas Hofer ‚Mission Hofer' genannt – auf die Kontaktnahme mit Widerstandsgruppen in Österreich unabhängig von Moldens Aktivitäten bezogen. Da das OSS aber keine weiteren Agenten für eine Mission nach Österreich zur Verfügung hatte, wurde umdisponiert. Lemberger sollte bei einer gemeinsamen Reise nach Wien die Glaubwürdigkeit der bisherigen Berichte Moldens über das POEN prüfen." Die britischen Geheimdienstorganisationen, Allen Dulles, OSS, und Kurt Grimm, Moldens wichtigster österreichischer Kontaktmann in der Schweiz, bezweifelten Moldens Angaben über das „Provisorische Österreichische Nationalkomitee (POEN)", zurecht, wie sich herausstellte; Pirker, Peter, Subversion deutscher Herrschaft, S. 405-406 und 425, Anm. 1571: The National Archives London (TNA) SOE: Western Europe: Registered Files: HS 6/20 AD/X to Havana for X/A.2, 1.4.1945, Anm. 1572: The National Archives and Records Administration, College Park, USA (NARA) Records of the OSS: RG 226 Entry210/Box7/Folder2: Lt. A. E. Jolis, Labor Division, Paris to Mr. G. C. Pratt - Mr. Thomas Wilson, London, 28.1.1945, Anm. 1573: NARA RG 226 Entry210/Box7/Folder2: OSS Labor Division Paris, Mission Hofer, 5.12.1944, und Anm. 1574: NARA RG 226 Entry210/Box7/Folder1: Report von K-28 (Molden), Mission Hofer, POEN, 17.3.1945; RG 226 Entry210/Box7/Folder2: The Provisional Austrian National Committee, R&A / Paris, OSS, 16.3.1945; Steinacher, Gerald, Südtirol und die Geheimdienste 1943-1945, S. 115.

152 Das POEN existierte nicht lange, weil die Gestapo dessen Führung zwischen Januar und März 1945 verhaftete; Neugebauer, Wolfgang, Der österreichische Widerstand 1938-1945, S. 197.

sche, finanzielle und materielle Unterstützung der Amerikaner zu erhalten, was ihm auch gelang.[153]

Eckert hob zu Recht diesen „Mo"-Agenteneinsatz hervor, denn er bedeutete eine weitere Wende in der militärischen Nachrichtendiensttätigkeit der Schweiz: Man arbeitete nicht nur wie gehabt mit dem französischen Geheimdienst, dem „Deuxième Bureau" beziehungsweise der „Direction Générale des Etudes et Recherches (DGER)", mit einer österreichischen und vermutlich einer jugoslawischen Untergrundbewegung, sondern ziemlich sicher erstmals mit dem amerikanischen „Office of Strategic Services (OSS)" zusammen, um den bewaffneten antinationalsozialistischen Widerstand in Österreich und vermutlich in Jugoslawien selbst zu aktivieren und zu stärken.

Allerdings beschäftigte der militärische Schweizer Nachrichtendienst beziehungsweise sein St. Galler Aussenbureau „Speer" bereits den monarchistisch gesinnten Österreicher Wilhelm Bruckner als Agent mit dem Alias „Wilhelm Forster",[154] der gleichzeitig von der britischen SOE geführt

153 Beer, Siegfried, Codename Lindley (Fritz Molden), in: Zoom, Nr. 5, 1998; Molden, Fritz, Das Märchen vom bezahlten Agenten, in: Zoom, Nr. 1, 1999; Pirker, Peter, Subversion deutscher Herrschaft, S. 16-17, 403-404 und 422-430: „Die einzige wirklich erfolgreiche OSS-Mission infolge der subversiven Reisen von Molden und Lemberger war jene der Gruppe ‚Greenup' unter der Leitung des jüdischen Flüchtlings und OSS-Offiziers Fred Mayer ab Ende Februar 1945 in Tirol".

154 Der Wiener Medizinstudent Wilhelm Bruckner, der 1940 zum zweiten Mal illegal in die Schweiz eingereist war, arbeitete zuerst für den französischen und schweizerischen Geheimdienst. Der stellvertretende Chef der N.S.1 Bernhard Mayr von Baldegg versetzte ihn im September 1944 von Genf, wo er seit Mai 1944 unter der Führung von Hauptmann Clément, dem Chef der Nachrichtenstelle Genf, für die Gruppe des Obersten Bernhard Guenoud im Einsatz war, zur M.S. St. Gallen alias „Speer", die Konrad Lienert, der Kommandant der dortigen Politischen Polizei von 1939 bis 1946, leitete. Bruckner baute eine eigene Agententruppe auf, den Wehrverband „Patria", dem auch der Belgier und „überzeugte Monarchist" August De Nys angehörte, der wiederum mit Fritz Dickmann, dem stellvertretenden Leiter

wie bezahlt wurde[155] und auch mit dem französischen Geheimdienst geschäftete.[156] Dieser Agent hatte ähnliche Privilegien wie Molden erhalten, den er übrigens aus Konkurrenzneid konsequent beschattete und bei sämtlichen Auftraggebern schlechtmachte: Bruckner durfte Österreicher aus Schweizer Deserteurlagern usw. rekrutieren, die als Agenten instruiert und ausgerüstet nach Österreich gingen. „Diese Leute durften sich auf dem Gebiet der Schweiz nicht politisch betätigen, waren nach ihrem Grenzübertritt auf österreichisches Gebiet aber in dieser Hinsicht frei und unabhängig. Die Leute hatten also die Doppelfunktion zu erfüllen, dem Asylstaat als Informanten nützlich zu sein und gleichzeitig etwas zur Befreiung (ihrer Heimat; Anm. d. Autorin) beizutragen."[157]

---

der „Pfalz" in Basel, kooperierte. Der Vorgesetzte dieser katholisch-monarchistischen belgischen Geheimdienstgruppe unter dem Namen „Internationale Friedensaktion (IFA)" war ein gewisser D'Oha. Damit bestanden Verbindungen vom militärischen Schweizer Nachrichtendienst zum belgischen und Habsburger Königshaus. Bruckner stand Molden und dem OSS negativ gegenüber und obstruierte deren Bemühungen; Molden, Fritz, Fepolinski und Waschlapski auf dem berstenden Stern, S. 246; Steinacher, Gerald, Südtirol und die Geheimdienste 1943-1945, S. 81-85, 90-91, 115-116 und 140; Ders., Eidgenössischer Geheimdienst und österreichischer Widerstand 1943-1946, S. 213; BAR E 27 9922: Bericht von Major Max Waibel (kaum; Anm. d. Autorin) über die Tätigkeit von „OS" in der Schweiz (österreich. Geheimorganisation) 1945.

155 Die „German-Austrian-Section" der SOE in Bern leitete H. I. „Bill" Matthey, der in St. Gallen studierte und dort der gleichen Studentenverbindung wie der „Speer"-Kommandant Konrad Lienert angehörte. Seit September 1944 heuerte er österreichische Exilanten als Agenten an, darunter den Wiener Wilhelm Bruckner, der den Decknamen „Black" erhielt. Die britischen Behörden anerkannten Bruckners Wehrverband „Patria" als österreichische Widerstandsorganisation zwischen Exil und innerem Widerstand; Steinacher, Gerald, Südtirol und die Geheimdienste 1943-1945, S. 87-88 und 92-95.

156 Ib., S. 115.

157 Ib., S. 85.

Die Schweizerische Bundesanwaltschaft kam im Frühling 1946 zum Schluss, dass der österreichische Flüchtling Bruckner vom Leiter des St. Galler Aussenbureau „Speer" Konrad Lienert „und anderen Schweizer Geheimdienstoffizieren zur Zusammenarbeit mit den alliierten Nachrichtendiensten ermuntert worden sei, auch zu Aktivitäten, die nach dem geltenden Schweizer Strafrecht, mit Zuchthaus und Gefängnis bedroht waren, nämlich: ‚Feindseligkeiten gegen einen fremden Staat, begangen durch Ausschleusung bewaffneter Sabotagegruppen nach Österreich.'"[158] Die Aktivitäten von Molden und den „Pfalz"-Angehörigen können ebenfalls unter diesem Verdikt der Bundesanwaltschaft gesehen werden.

---

158 Pirker, Peter, Subversion deutscher Herrschaft, S. 404, Anm. 1477: BAR E 4001 (C) Dossier 1491: Schweizerische Bundesanwaltschaft an Bundesrat Eduard von Steiger, EJPD, Militärgerichtliche Beweisaufnahme gegen Bruckner, Lienert und Konsorten, 12.1.1949.

Die Agentin und die Auflösung der „Mo"-Linie

Abb. 20: *Die „Mo"-Agentin G.; Copyright 2015 Staatsarchiv Basel-Stadt.159*

Aufgrund der sogenannten deutschen „Notverordnung vom 15. Oktober 1938 zur Sicherstellung des Kräftebedarfs für Aufgaben von besonderer staatspolitischer Bedeutung" und der kriegsmässigen zweiten Durchführungsverordnung vom 15. September 1939, die „eine der Wehrpflicht angenäherte (entfristete, per Einberufungsbefehl und ohne Beschäftigungsvertrag erfolgende) Rekrutierungsform" schuf, wurden „die freiwilligen Helferinnen" der Wehrmacht eingezogen, vorausgesetzt sie waren „familiär ungebunden, also ledig oder mindestens kinderlos."[160] Nach den „Blitzsiegen"

159 Staatsarchiv Basel-Stadt (StABS) PD-REG 3a Nr. 56516.

160 Maubach, Franka, Die Stellung halten. Kriegserfahrungen und Lebensgeschichten von Wehrmachthelferinnen, Göttingen 2009, S.

im Westen fehlten dem deutschen „Heer Kräfte bei der Verwaltung des im Entstehen begriffenen Besatzungsreiches. Das DRK (Deutsche Rote Kreuz; Anm. d. Autorin) lieh der Wehrmacht ein Kontingent seiner Führerinnen und Schwesterhelferinnen", die „zu Helferinnen der Nachrichtentruppe", zu Fernschreiberinnen und Fernsprecherinnen, umgeschult wurden und bei den Vermittlungsstellen der deutschen Kommandanturen in allen besetzten Gebieten die Nachrichtenverbindungen unterhielten.[161] „Wegen des Blitzes an der Mütze und auf dem Ärmel der Uniform" wurden die Nachrichtenhelferinnen im Volksmund „Blitzmädchen" oder „Blitzmädel" genannt.[162] Allerdings variierten die Verwendungsabzeichen des Nachrichten-, Funk-, Fernsprech-, Fernschreib-, Horchfunk- und Peilfunkpersonals von Flak, Heer und Luftwaffe einen oder mehrere Blitzstrahlen.[163]

Im Laufe des Zweiten Weltkrieges koppelte sich die Heeresnachrichtenhelferinnenschaft von ihrer ursprünglichen Einteilung, der weiblichen Kriegskrankenpflege, ab. Das Heer übernahm ihre Ausbildung in Eigenregie. Die benötigten Bürohilfskräfte, „Stabshelferinnen" genannt, beschaffte

---

17-18.

161 Ib., S. 80-82: Es war strengstens verboten zu erwähnen, dass die Nachrichtenhelferinnen der Wehrmacht aus den Reihen des Deutschen Roten Kreuzes (DRK) stammten.

162 Die Nazi-Propaganda bezeichnete die Nachrichtenhelferinnen als „Blitzmädels" und propagierte „das Bild des hübschen Mädchens in schmucker Uniform, das schiefsitzende Käppi verwegen auf dem leuchtenden Blondhaar, lächelnd bereit zu freudiger Pflichterfüllung." Im Begriff schwang bald aber auch der Vorwurf der sexuellen Freizügigkeit mit. Die Helferin wurde als Hure stigmatisiert; Szepansky, Gerda, „Blitzmädels" – „Heldenmutter" – „Kriegerwitwe". Frauenleben im Zweiten Weltkrieg, Frankfurt am Main 1986, S. 92; Maubach, Franka, Die Stellung halten, S. 231-236 und 306.

163 Seidler, Franz W., Blitzmädchen. Helferinnen der Wehrmacht, Bonn / Koblenz 1979 / 1998, genehmigte Lizenzausgabe für Verlagsgruppe Weltbild GmbH, Augsburg 2005, S. 14.

es durch die Arbeitsämter; in gleicher Weise rekrutierte die Luftwaffe ihre Helferinnen im Flugwachdienst gegen feindliche Flugzeuge und für Aufgaben des Luftschutzwarndienstes. Seit Sommer 1943 wurden deutsche Flaksoldaten zunehmend durch Frauen ersetzt, denen aber „die Bedienung von Maschinenwaffen und Geschützen verboten war".[164] Die Helferinnen gehörten zum „Wehrmachtsgefolge", das dem Militärstrafgesetzbuch, der Wehrdisziplinarstrafordnung und der Kriegsstrafverfahrensordnung unterstellt war. Sie gelobten „dem Führer des Deutschen Reiches und Volkes, Adolf Hitler", Treue.[165] Bei politischer Opposition, Gehorsamsverweigerung, Geheimhaltungsverstoss und Desertion drohten wie bei den Soldaten Strafen bis zum Todesurteil.[166]

Völkerrechtlich unterstanden die Quasi-Kombattantinnen in Uniform dem „IV. Haager Abkommen betreffend die Gesetze und Gebräuche des Landkrieges vom 18. Oktober 1907". Als Kriegsgefangene hatten sie gemäss dem „Genfer Abkommen über die Behandlung der Kriegsgefangenen vom 27. Juli 1929" Anspruch auf „Achtung ihrer Person und ihrer Ehre".[167] Die meisten Wehrmachtshelferinnen aber waren wie die Stabshelferinnen, die als Angestellte oft keine Uniform besassen, durch ihren „militärisch-zivilen Zwitterstatus" im Krieg ungeschützt.[168]

Ungefähr 500'000 Helferinnen dienten gegen Kriegsende im deutschen Heer.[169] Wegen der Niederlagen, Verluste, Rückzüge, Stellungszertrümmerungen, Zerstörungen und

164 Ib., S. 11-14; Maubach, Franka, Die Stellung halten, S. 200-208 und 237-258.

165 Seidler, Franz W., Blitzmädchen, S. 15-16.

166 Maubach, Franka, Die Stellung halten, S. 189-197 und 267.

167 Seidler, Franz W., Blitzmädchen, S. 16.

168 Maubach, Franka, Die Stellung halten, S. 186 und 199.

169 Seidler, Franz W., Blitzmädchen, S. 12.

chaotischen Revirements der Wehrmachtsteile, die oft als sinnlos erfahren wurden, entschlossen sich seit Ende 1944 immer mehr Helferinnen der deutschen Wehrmacht, „eigenmächtig die Stellung zu räumen, zu desertieren."[170] Wie viele desertierten, in Gefangenschaft gerieten und umkamen, bleibt im Dunkeln.[171]

Anfang 1945 kam die N.S.1 auf die Idee, auch Überläuferinnen der Wehrmacht als Agentinnen alleine sowie zusammen mit Überläufern als Agentenpaare ins deutsche Feindesgebiet zu schicken, wie mir Hans Eckert verriet.[172] Bisher war weder ausfindig zu machen, was den Verantwortlichen der „Mo"-Linie, den stellvertretenden Leiter der N.S.1 Hauptmann i. Gst. Bernhard Mayr von Baldegg, dazu inspirierte, noch wo die Überläuferinnen der Wehrmacht in der Schweiz interniert und zu „Mo"-Agentinnen umgeschult wurden.[173]

Indessen fand sich in den Akten des Schweizerischen Bundesarchivs in Bern der Fall eines „Mo"-Agentenpaars, das „ausgerüstet mit von der Schweiz ausgestellten falschen

---

170 Maubach, Franka, Die Stellung halten, S. 265-268: „Das Gros der Helferinnen jedoch stand den Einsatz durch, bis dieser für beendet erklärt wurde."

171 Seidler, Franz W., Blitzmädchen, S. 29: Ungefähr 25'000 Wehrmachthelferinnen wurden als Kriegsgefangene in die Sowjetunion gebracht, die dem Genfer Kriegsgefangenenabkommen von 1929 aber nicht beigetreten war.

172 Privatarchiv Broda: Broda, May B., Audiovisuelles Interview mit Hans Eckert, Dreharbeiten zum Dokumentarfilm „Spione in Luzern – Vom heissen in den Kalten Krieg", Spuren der Zeit, SF DRS 1998, Luzern, Hotel Schweizerhof, 14.10.1997, Kassette Beta SP Nr. 9, 7'43"-8'24".

173 BAR E 27 14850: Major i.Gst. Max Waibel, Armeekommando, Gruppe Ib, Nachrichtendienst, Bericht über die Tätigkeit der N.S.1 / Ter.Kdo.8 während des Aktivdienstes 1939 / 1945, 20.7.1945, S. 13: Der Autor verweist „im Einzelnen auf den beiliegenden Bericht über die Mo-Linie", der leider wie auch die separaten Berichte aller Aussenbüros im Dossier fehlt.

Papieren",[174] Anfang März 1945[175] bei Rielasingen über die Schweizer Grenze nach Deutschland ging und sofort festgenommen wurde: „Der eine legitimierte sich als Oberleutnant, ist in Wirklichkeit aber Obergfr. (Obergefreiter; Anm. d. Autorin), und heisst K., seines Zeichens deutscher Deserteur. Er war in einem Lager in der Schweiz interniert.
Seine Begleiterin ist eine Frau W., geb. R. ... Die beiden seien bewaffnet gewesen. Man habe auch der Frau in der Schweiz das Pistolenschiessen beigebracht und ihr Anweisung gegeben, in Deutschland von der Waffe hemmungslos Gebrauch zu machen."[176]
Der V-Mann des militärischen Nachrichtendienstes der Schweiz im Raum Konstanz-Singen, der die Verhaftung gemeldet hatte, meinte, „die Frau werde event. nach der Schweiz zurückgeschickt."[177] Er war überzeugt, dass das Agentenpaar den Deutschen die Organisation des Schweizerischen Nachrichtendienstes verraten hatte: „Es war von einem Oberst Müller i.G. die Rede, von einem Major und glaublich einem Hptm. Strauss in Schaffhausen. Letzterer habe die Leute, d.h. Deserteure einzuvernehmen. Es wurden auch betr. der Ausbildung Angaben gemacht."[178] Es waren die korrekten Namen zweier wichtiger Exponenten des schweizerischen militärischen Geheimdienstes: Oberst i. Gst. Werner Müller war der Chef des Sicherheitsdienstes im Armeestab und

---

174 BAR E 27 9722: Der Unterstabschef i.V., Gruppe Ib, Armeekommando, an Kommando, Feldpostnummer 5015, 14.4.1945.

175 Ib.: Hauptmann i. Gst. Bernhard Mayr von Baldegg, Armeekommando, Schweizerische Armee, an Oberst iGst. Müller, Stellvertretender Chef der Gruppe Ib, Armeekommando, 14.5.1945.

176 Ib.: Der Unterstabschef i.V., Gruppe Ib, Armeekommando, an Kommando, Feldpostnummer 5015, 14.4.1945.

177 BAR E 27 9722: „Truppen-Uebungsplatz Heuberg (Stetten a. K.M.)", maschinengeschrieben, mit handschriftlicher Ergänzung: „Z.K. Herrn Oberst i.Gst. Müller, Chef SD", S. 2.

178 Ib., S. 1.

der Stellvertreter des Chefs des Nachrichten- und Sicherheitsdienstes der Schweizer Armee Oberstbrigadier Roger Masson (vgl. Abb. 10)[179] und Hauptmann Hermann Strauss war der Kommandant des Aussenbureau Schaffhausen alias „Salm" der N.S.1,[180] das „als Aktionsgruppe für Ausschaffung und Auffang" von Mo-Agenten fungierte.[181]

Mayr von Baldegg bestätigte, dass die Verhafteten „Agenten unseres Dienstes" waren, und spielte das Desaster gegenüber dem Sicherheitsdienst der Schweizer Armee herunter: „Es wird stimmen, dass sie einige Angaben über den schweizerischen ND gemacht haben. Dies kann sich jedoch lediglich auf die mit der Instruktion und Ausschaffung der Agenten betrauten unteren Organe bezogen haben. Über irgendwel-

---

179 Braunschweig, Pierre-Th., Geheimer Draht nach Berlin, S. 74-77 und 524.

180 Senn, Hans, Der schweizerische Generalstab, S. 43: „Strauss erzählte dem Verfasser, dass er im 300 Km-Streifen jenseits der Landesgrenze 8-10 deutsche Deserteure als schweizerische Agenten eingesetzt habe. Sie übernahmen diese Rolle aus Wut über Hitler. Ihre Identität wurde verändert. Sie wechselten Namen, Grad und Soldbuch, erhielten die entsprechende Uniform und Ausrüstung samt Waffen und Munition von Internierten oder durch Beschaffung in Deutschland. Für jeden wurde eine zivile und militärische Legende aufgebaut. Die Ausschaffung über die grüne Grenze erfolgte nachts. Für den Transport im süddeutschen Raum wurde die Bahn benützt. Entsprechende Fahrkarten wurden mitgegeben. Die Übernachtungen erfolgen in Wehrmachtheimen. Die Missionen dauerten 3-5 Tage. Verluste waren nicht zu beklagen; Verrat übte keiner. Bei ihrer Rückkehr meldeten sich die Agenten mit Deckcode beim nächsten Grenzwächter. Dieser orientierte das ‚Büro Salm', welches den Abholdienst per Auto organisierte. Alsdann erfolgte eine stundenlange Einvernahme. Durch negative Meldungen an die NS 1 über die Belegung des süddeutschen Raumes konnten verschiedentlich unnötige Remobilmachungen verhindert werden."

181 BAR E 27 14850: Hauptmann (Hermann; Anm. d. Autorin) Strauss, Büro M.S.S. (Meldesammelstelle Schaffhausen; Anm. d. Autorin), Salm, Tätigkeitsbericht vom 1.9.1942-31.12.1943, S. 4: „Nach nahezu 40 Aktionen haben wir ungeheuer wertvolle Erfahrungen gesammelt, mit denen wir ohne Überhebung garantieren können, auch den schwierigsten Situationen gewachsen zu sein."

che Kenntnisse der eigentlichen Organisation des ND verfügten die Agenten sicher nicht.

Unrichtig ist dann vor allem die Version, wonach sie Weisung gehabt hätten ‚hemmungslos von der Waffe Gebrauch zu machen.' Dies ergibt sich schon daraus, dass den Leuten zwar zum Selbstschutz die Mitnahme einer kleinen Pistole erlaubt wurde, ihnen aber nur wenige Patronen mitgegeben wurden."[182]

Weitere Dokumente fehlen im Schweizerischen Bundesarchiv, sodass offen bleibt, wie die Deutschen mit dem erwischten Agentenpaar der N.S.1 verfuhren und ob die Schweiz etwas zu dessen Gunsten unternahm.

Als am 8. Mai 1945 der Zweite Weltkrieg endete, erhielt Hans Eckert, der besondere Aufgaben im Agentendienst der „Pfalz" erledigte,[183] den Auftrag, die „Mo"-Linie aufzulösen. Die Deserteurinnen und Deserteure der Wehrmacht, die als Agentinnen und Agenten der Eidgenossenschaft und den Alliierten wichtige Nachrichten geliefert hatten, durften nicht in der Schweiz bleiben. Eckert musste ihre falschen Ausweispapiere behändigen und sie über die Grenze schaffen. Ihre hauptsächlichen Heimatstaaten Deutschland, Österreich und Italien waren mit Ausnahme von Frankreich und Italien von den Alliierten besetzt. Da Deserteurinnen und Deserteure seit jeher als Vaterlandsverräterinnen und -verräter gelten, befürchtete er, dass „seinen" Agentinnen und Agenten ein Leid geschehen könnte. Es war für ihn eine „schwere Sache".[184]

---

182 Ib.: Hauptmann i. Gst. Bernhard Mayr von Baldegg, Armeekommando, Schweizerische Armee, an Oberst iGst. Müller, Stellvertretender Chef der Gruppe Ib, Armeekommando, 14.5.1945.

183 BAR E 27 14850: Major (Emil; Anm. d. Autorin) Häberli, der Kdt. von Pfalz, Tätigkeitsbericht von Pfalz, 1.9.1942-31.12.1943, 22.1.1944, S. 2.

184 Privatarchiv Broda: Broda, May B., Audiovisuelles Interview mit Hans Eckert, Dreharbeiten zum Dokumentarfilm „Spione in Luzern –

Während unseres letzten Gesprächs vom 5. August 2011 offenbarte der 99-jährige Zeitzeuge, dass er sich, unterstützt vom Leiter der N.S.1 Major Max Waibel und weiteren „Pfalz"-Mitgliedern, nicht in vollem Umfang an den militärischen „Repatriierungsbefehl" gehalten habe. Er habe eine Ausnahme gemacht und eine „Mo"-Agentin, an deren richtigen Nachnamen er sich ungefähr erinnerte,[185] vor der Ausschaffung nach dem besiegten und besetzten Deutschland bewahrt. Das übergelaufene deutsche „Blitzmädel" habe man mit einem Oberleutnant,[186] mit dem sie liiert gewesen sei, nach Deutschland geschickt. Beide hätten aber Angst gekriegt und seien unverrichteter Dinge in die Schweiz zurückgekehrt. Der Aufwand für diesen Einsatz sei sehr gross und das Ergebnis gleich Null gewesen. Die Deserteurin habe neue Zähne als Vorauszahlung für ihren Agentinneneinsatz erhalten. „Den Deserteur bugsierte man nach Deutschland raus. Sie machte ein Riesentheater und unternahm einen Selbstmordversuch, weil sie nicht nach Deutschland heimkehren wollte."[187] Sie kam aus Deutschlands Osten, der nun russisch besetzt war.[188]

Der Rapport eines Detektivs der Fahndungsabteilung des baselstädtischen Polizeiinspektorats vom 30. Juli 1945 fasst

---

Vom heissen in den Kalten Krieg", Spuren der Zeit, SF DRS 1998, Luzern, Hotel Schweizerhof, 14.10.1997, Kassette Beta SP Nr. 8, 25'31"-26'38".

185 Die Durchsicht der Adressbücher der Stadt Basel seit 1945 führte zum richtigen Nachnamen der „Mo"-Agentin, der erst die gezielte Suche nach ihren Akten im Staatsarchiv Basel-Stadt und im Schweizerischen Bundesarchiv in Bern ermöglichte.

186 Privatarchiv Broda: Gespräch der Autorin mit Hans Eckert, Reinach, 5.8.2011, handschriftliche Notizen: Der Deserteur hatte einen Doktortitel. Man hatte ihm die Haare rot gefärbt und nannte ihn den „Rüeblidoktor". Ob er Arzt war, wusste Eckert nicht mehr.

187 Ib.: Gespräche der Autorin mit Hans Eckert, Reinach, 5.8.2011, 20.7.2011 und 14.1.2011, handschriftliche Notizen.

188 StABS PD-REG 14a 9-7.

den Vorfall zusammen und nennt Eckert und Dr. jur. Wilhelm Lützelschwab, ebenfalls „Pfalz"-Mitarbeiter,[189] basel-städtischer Staatsanwalt von 1939 bis 1945 und Leiter der Politischen Abteilung des basel-städtischen Polizeidepartements von April 1941 bis November 1943,[190] als Gewährsleute der Patientin. Der Fahnder hatte sich Anweisung seines Chefs, Leutnant Perret, ins Basler Bürgerspital aufgemacht, um die geheimnisvolle Frau zu identifizieren: „Nachdem die ‚K.' anfängl. erklärt hat, ihren richtigen Namen nicht preisgeben zu dürfen, bequemte sie sich in der Folge", ihre Personalien und Weiteres bekannt zu geben: „„Ich bin aus der Wehrmacht in Mailand geflohen[191] und am 1.12.1944 illegal in die Schweiz eingereist. Ich bin nicht im Besitze irgendwelcher Ausweispapiere, denn der Ausweis der deutschen Wehrmacht als Stabshelferin und mein deutscher Führerschein sind mir im Flüchtlingslager Bellinzona von der Polizei abgenommen worden. Ich arbeite seit einiger Zeit als Agentin im Nachrichtendienst für die Schweiz, und zwar tat ich dies bis zum 26.6.1945 in Genf, wo ich ständig in Verbindung mit dem Chef de la Police de Sûreté stand. Am 26. Juni, also vor 5 Wochen, bin ich nach Basel gekommen und habe hier fortwährend Fühlung mit den Herren Dr. Lützelschwab und Eckert, welche auch über meine Identität alle nötige Auskunft geben können. Ich unterstehe dem Ter. Kdo. Luzern. Da ich mich unter einem ununterbrochenen Druck seitens der schweize-

---

189 BAR E 27 14850: Major (Emil; Anm. d. Autorin) Häberli, der Kdt. von Pfalz, Tätigkeitsbericht von Pfalz, 1.9.1942-31.12.1943, 22.1.1944, S. 2.

190 Braunschweig, Pierre-Th., Geheimer Draht nach Berlin, S. 36: Wilhelm Lützelschwab wechselte 1945 in die Privatwirtschaft und übernahm die Leitung der Schweizerischen Lebensversicherungsgesellschaft „Pax".

191 Maubach, Franka, Die Stellung halten, S. 185: „Nach dem Abfall Italiens von der Achse und dem Einmarsch der Wehrmacht" im September 1943 wurde Italien „zum Aufmarschgebiet militärischer zwangsrekrutierter Helferinnen" der Wehrmacht.

rischen Militärbehörden glaube, habe ich am Samstag den in Frage stehenden Selbstmordversuch unternommen … Ich befürchte, dass ich nun wieder Unannehmlichkeiten haben werde, weil ich Ihnen meinen richtigen Namen angegeben habe, obschon mir dies strikte verboten wurde; ich ersuche Sie deshalb, Dr. Eckert zu unterrichten, dass ich mich der Polizei gegenüber zu erkennen geben musste.'

Eckert, Dr. Hans bestätigte in seinem Büro, Rheinsprung 1, die Aussagen der G. und deren Personalien, unter gleichzeitiger Vorweisung eines Ausweises des Armeekommandos, Abtlg. für Nachrichten- und Sicherheitsdienst, Generalstab, Nachrichtensektion, lautend auf" seinen Namen, „HD 17, 1912, von Basel, Gundeldingerstrasse. Dr. Eckert fügte hinzu, dass ein Gesuch um Regelung der Aufenthaltsverhältnisse der G. bei der Fremdenpolizei in Bern anhängig sei. Im Übrigen sei es äusserst bemühend feststellen zu müssen, dass Hr. Lt. Perret sich nicht sofort direkt an ihn gewendet habe, da doch bekannt sei, dass er … in ähnlichen Fällen alle erwünschten Angaben machen würde. Auf jeden Fall solle in vorliegender Sache im allg. Interesse nichts Schriftliches verfasst werden.

Dr. Eckert wird diesbezüglich noch mit Hrn. Lt. Perret tel. Fühlung nehmen. Die G. ist der Polit. Abtlg. nicht bekannt und auch nicht ausgeschrieben."[192]

Am 2. August 1945 vermerkte der Fahnder, dass die Patientin „im Spital offiziell vom Foreign Office of the United States of America mit einem kostbaren Blumengebinde beschenkt worden sein" soll.[193] Am 12. August 1945 verliess

---

192 BAR E 27 11185: Polizeidepartement Basel-Stadt, Polizeiinspektorat, Fahndungsabteilung, Bericht von Det. Kaltenbach (z.H.v. Herrn Lt. Perret), Basel, 30.7.1945, Abschrift, Seiten 1-2.

193 Ib..

die Agentin das Hotel Jura am Centralbahnplatz in Basel,[194] ohne eine Adresse zu hinterlassen: „Polizeilicherseits wurde es den HH. Dres. Lützelschwab & Eckert zur Pflicht gemacht, künftighin im Interesse der Ordnung, dem Polizei-Inspektorat ihre Agenten zu melden. Die ganze Sache ist jetzt ziemlich klar. Nach den vorliegenden Umständen wird sich unser Dienst kaum damit zu befassen haben."[195]

Laut der Fremdenpolizeiakte im Staatsarchiv Basel, auf der quer in Schnürlischrift mit roter Tinte „Agentin im schweiz. Nachr. Dienst" steht, wurde der Deutschen ab 27. Juli 1945 der provisorische Aufenthalt unter der militärischen Kontrolle des Territorialkommandos Basel gestattet: Sie musste sich bei der kantonalen Fremdenpolizei Basel-Stadt melden und sich zwischen 22 und 7 Uhr immer zu Hause aufhalten. Sie durfte das Kantonsgebiet ohne Bewilligung nicht verlassen, keine politische oder neutralitätswidrige Tätigkeit ausüben und keinem Erwerb ohne Bewilligung des kantonalen Arbeitsamtes nachgehen. Ihr Status war derjenige eines deutschen Flüchtlings (vgl. Abb. 20).

Zuerst arbeitete und wohnte sie bei einer Familie als Hausangestellte. Am 28. August 1945 wurde sie aus der militärischen Kontrolle entlassen und erhielt am 5. September 1945 den Ausländerausweis A. Nachdem man ihr wegen ungenügender Leistung gekündigt hatte, wurde sie Anfang November 1945 in den Haushalt der Familie Fritz Dickmann übernommen, der als stellvertretender Leiter der „Pfalz" den Agentendienst geleitet hatte.[196] Am 11. Dezember 1945

---

194 Privatarchiv Broda: Eckert, Hans, Mein Lebenslauf, S. 8: Eckert kannte das Hotel „Jura" von den Anlässen seiner Studentenverbindung, der *Renaissance*.

195 Ib.: Zab/VIo/Zentrale, Betrifft G., 17.8.1945, maschinengeschriebener Durchschlag; Stempel Armeestab, Groupe du Lac, 18.8.1945, Nr. 11874 / 11878.

196 StABS PD-REG 14a 9-7 und 3a Nr. 56516: Dr. jur. Fritz Dickmann, Advokat und Notar, Blumenrain 20, Basel, an Fremdenpolizei

schickte Major i.Gst. Max Waibel der baselstädtischen Fremdenpolizei ein schmeichelhaftes Empfehlungsschreiben,[197] dass der ehemaligen „Mo"-Agentin den bisher verbotenen Berufs- und Stellenwechsel als Sekretärin und einen eigenen Wohnsitz erlauben sollte. Eckert beschäftigte sie vom 18. bis 31. Dezember 1945 als Bürolistin[198] auf seinem Anwaltsbüro und brachte sie in einem katholischen Kinderheim unter, das er bereits während des Krieges als Agentenunterschlupf benutzt hatte.[199]

Basel-Stadt, 31.10.1945: Frau G., Inhaberin eines Ausländerausweises A, befindet sich in gekündigter Stellung bei Dr. A.. Meine Frau hat mit ihr Verhandlungen geführt, die ihren Eintritt in unseren Haushalt als Hausangestellte zum Ziele haben. Wir selbst brauchen dringend eine neue Hausangestellte, da unsere Bisherige das Haus am 1.11.1945 verlässt."

197 StABS PD-REG 3a Nr. 56516: Entgegen Hans Eckerts vernichtendem Urteil über G.s Leistung als Agentin schrieb Major i.Gst. Max Waibel am 11.12.1945 der kantonalen Fremdenpolizei Basel-Stadt, dass G. „im Jahre 1944 in die Dienste des Armeekommandos, Abteilung für Nachrichten-Sicherheitsdienst, eingetreten ist. In dieser Eigenschaft hat Frau G. einen gefahrvollen Auftrag mit gutem Erfolg ausgeführt. Ich empfehle daher Frau G. Ihrem besonderen Wohlwollen und wäre Ihnen dankbar, wenn Sie ihr mit Rücksicht auf ihre oben geschilderte Tätigkeit ermöglichen könnten, eine Stelle in ihrem Beruf als Sekretärin anzunehmen."

198 Ib.: BIGA, an Eidgenössische Fremdenpolizei, Bern. 1.4.1946: „Die Arbeitsmarktlage im Hausdienst ist nun allerdings bei weitem günstiger als in den kaufmännischen Berufen, sodass nicht ohne weiteres ersichtlich ist, warum die Gesuchstellerin nicht als Hausangestellte arbeiten soll. Unsere Erkundigungen ergaben jedoch, dass Frau G. sich als Sekretärin ganz besonders gut bewährt, während sie als Hausangestellte die an sie gestellten Anforderungen, offenbar auch ihrer zarten Gesundheit wegen, nicht zur vollen Befriedigung ihrer Arbeitgeber ausfüllte. Da gegenwärtig auch Mangel an Bürolistinnen herrscht, können wir dem kantonalen Antrag deshalb zustimmen. Doch sollte der Ausländerin unseres Erachtens nahegelegt werden, sobald die Verhältnisse es irgendwie erlauben, in ihre Heimat nach Breslau zurückzukehren."

199 StABS PD-REG 14a 9-7; Privatarchiv Broda: Gespräch der Autorin mit Hans Eckert, Reinach, 5.8.2011, handschriftliche Notizen.

Nachdem die illegal Eingereiste Ende Juni 1946 einen deutschen Ersatzpass und die schweizerische Toleranzbewilligung, aber nicht, wie von Eckert gefordert, eine dauernde Aufenthaltserlaubnis „wegen ihrer Verdienste als schweizerische Spionin"[200] erhalten hatte, verdiente sie ihren Lebensunterhalt als Sekretärin auf einem Treuhand- und Revisionsbureau. Anfang Mai 1950 gab sie diese Stelle auf, um sich angeblich wieder zu verheiraten,[201] denn durch Erlass vom 3. Oktober 1947 war sie von ihrem deutschen Ehemann rechtskräftig geschieden worden.[202] Sie nahm aber nur eine andere Stelle an, die sie bald wieder wechselte. Vor ihrer Abmeldung am 23. August 1952 beziehungsweise ihrer Ausreise am 30. Dezember 1952 nach Allensbach auf der deutschen Seite des Bodensees arbeitete sie bei einer Schifffahrtsagentur.[203] Ein knappes halbes Jahr später reiste sie nach Radolfzell und kurz darauf nach Baden-Baden weiter, wo sich ihre Spur verliert.[204]

---

200 StABS PD-REG 3a Nr. 56516: Kantonales Arbeitsamt Basel-Stadt an Kantonale Fremdenpolizei Basel-Stadt, Basel, 28.8.1947.

201 Ib.: V.Laepple an Kantonale Fremdenpolizei Basel-Stadt, Basel, 2.5.1950.

202 Ib.: G. an Kantonale Fremdenpolizei Basel-Stadt, Basel, 28.1.1948; Heimatforscher Stefan Egenhofer, ehem. Chef, Einwohnermeldeamt, Archiv, Allensbach, 29.1.1953.

203 StABS PD-REG 14a 9-7 und 3a Nr. 56516: G., Abmeldung am 23.8. bzw. 30.12.1952 nach Allensbach am Bodensee; G. an Kantonale Fremdenpolizei Basel-Stadt, 7.12.1952: Sie erhielt ein Dauervisum für die Wiedereinreise in die Schweiz im Pass bis 8.12.1953; Zollschein G. Betr. Umsiedlung von Basel nach Allensbach, Bodensee, 1.1.1953; Heimatforscher Stefan Jos. Egenhofer, ehem. Chef, Einwohnermeldeamt, Archiv, Allensbach, 29.1.1953: G. meldete sich in Allensbach unter ihrem Mädchennamen an.

204 Klaus Glaeser, Pass- und Meldeamt, und Achim Fenner, Fachbereich Kultur, Leiter Stadtgeschichte (Archiv & Museum), Stadtverwaltung Radolfzell am Bodensee: Meldekarte: G. meldete sich am 7.5.1953

Heute verwundert, wie sehr sich die „Pfalz"-Angehörigen Hans Eckert, Wilhelm Lützelschwab und Fritz Dickmann nach Kriegsende bis Anfang der 1950er Jahre für den Aufenthalt und die Beschäftigung der ehemaligen „Mo"-Agentin einsetzten, die sich mit dramatischen, aber nicht lebensbedrohenden Mitteln gegen ihre Ausschaffung nach Deutschland gewehrt hatte. Ohne den humanitären Aspekt der Hilfeleistung in Abrede zu stellen, fragt man sich doch, ob es nicht noch andere Gründe für dieses grosse Engagement gab.[205] Insbesondere weil der Umgang mit anderen Agenten der „Mo"- und weiterer Linien der N.S.1 sehr zu wünschen übrig liess. Diese wurden nach Kriegsende entweder „über ihre Stellung oft in völliger Unklarheit gelassen"[206] oder, wie weiter oben am Beispiel des Partners der „Mo"-Agentin G. geschildert, ohne grosses Wenn und Aber über die Schweizer Grenze ins Ausland spediert. Ging es vielleicht darum, den Geheimdienst auch in Basel inoffiziell weiterzuführen, so wie es nach der Auflösung des St. Galler Aussenbüros „Speer" von Juli 1945 geschah, wo „entsprechend den Weisungen von Oberstleutnant Waibel ... die Hauptlinien des Agentennetzes auch nach Kriegsende aufrechterhalten" wurden?[207]

---

unter ihrem Mädchennamen in der Stadt Radolfzell an, die sie am 25.6.1953 Richtung Baden-Baden verliess.

205 Antworten könnten in einem bis 2025 gesperrten Dossier im Schweizerischen Bundesarchiv in Bern liegen.

206 Steinacher, Gerald, Südtirol und die Geheimdienste 1943-1945, S. 123.

207 Steinacher, Gerald, Südtirol und die Geheimdienste 1943-1945, S. 110.

Ergebnisse und Desiderate

Der Chef der N.S.1 Max Waibel verbuchte die Tätigkeit der Agenten-Linien des schweizerischen Nachrichtendienstes in Deutschland und Italien als Erfolg: Diese hätten „eine ganze Reihe wichtiger Informationen vermittelt, welche auf andere Weise nie hätte beschafft werden können. Ich erinnere dabei nur an die Zeit zwischen dem Herbst 1944 bis zum Frühjahr 1945, als wir entgegen einer Anzahl von Meldungen, durch unsern Agentendienst ein einwandfreies Bild darüber erhielten, dass weder im Schwarzwald, noch in andern Gebieten Süddeutschlands irgendwelche nennenswerten Kampfverbände vorhanden waren."[208] In Bezug auf die „Mo"-Linie lobte er die Arbeit des Aussenbüros Pfalz, „die gar nicht hoch genug eingeschätzt werden kann. Insbesondere hat Dr. Dickmann, Dank seiner umfassenden Kenntnisse dieser Materie, uns grösste Dienste geleistet. Auch die Büros Salm und Speer haben durch ihre Mitarbeit an der Organisation Mo grossen Anteil und Verdienst erworben."[209]

Hans Eckert bewertete die „Mo"-Einsätze mit den Agenten als positiv, diejenigen mit den Agentinnen und Agentenpaaren als problematisch und wenig erfolgreich.[210] Er wusste,

---

208 BAR E 27 14850: Major i.Gst. Max Waibel, Armeekommando, Gruppe Ib, Nachrichtendienst, Bericht über die Tätigkeit der N.S.1 / Ter.Kdo.8 während des Aktivdienstes 1939 / 1945, 20.7.1945, S. 10.

209 Ib., S. 13.

210 Privatarchiv Broda: Broda, May B., Audiovisuelles Interview mit Hans Eckert, Kassette Beta SP Nr. 9, 7'43"-8'24"; Koch, Magnus, Fahnenfluchten, S. 196-197, Anm. 58: BAR E 27 9928 Bd. 3: Vernehmungsbericht, 3.9.1942; Deutsches Bundesarchiv Militärarchiv MA 1004/A8: Der fahnenflüchtige Wehrmachtsoffizier Walter M. leistete in anderthalb Jahren 16 Einsätze in Europa für den militärischen Nachrichtendienst der Schweiz. Als ihn ein Auftrag ins Deutsche Reich führte, wurde er im Mai 1944 verhaftet. Am 7.2.1945 wurde er wegen Landesverrats, Spionage und Desertion vom Reichskriegsgericht zum Tode verurteilt und in Berlin hingerichtet; BAR E 27 9732: Max Waibel, Oberstlt.i.Gst., Luzern an Oberstlt.i.Gst. E. Frick, Sektionschef der

dass zwei der „Mo"-Agenten ihr Leben lassen mussten, während andere in schwere Haft kamen.[211]

Der militärische Nachrichtendienst der Schweiz, der milizmässig funktionierte, profitierte von den Netzwerken seiner rekrutierten Mitarbeiterinnen und Mitarbeiter. Im Falle von Hans Eckert waren dies seine juristischen Bekannten aus der Studienzeit und danach; viele massgebende Nachrichtendienstler gehörten dieser Berufsgattung an. Auf der Basler Hilfsstelle für Flüchtlinge hatte Eckert nicht nur die Schicksale der von Faschismus und Nationalsozialismus Verfolgten kennengelernt, sondern auch Kontakte zu Persönlichkeiten geknüpft, die er später als Intelligence-Informantinnen und Informanten abschöpfen konnte. Unter den Mitgliedern der studentischen Verbindung, der akademischen Gesellschaft *Renaissance*,[212] in der er begeistert mitmachte und Theater spielte,[213] gewann er beispielsweise den Luzerner Bernhard

---

Generalstabsabteilung, Bern, 27.7.1946, S. 1-2: „Alle anderen Agenten-Betriebsunfälle endeten mit dem Tode oder im Konzentrationslager, was oft noch schlimmer war. ... A.S. war ein Versager, übrigens der erste und einzige einer langen Reihe guter Agenten"; zur Geschichte des Deserteurs und zweifachen Überläufers A.S. vgl. S. 89.

211 Privatarchiv Broda: Broda, May B., Audiovisuelles Interview mit Hans Eckert, Kassette Beta SP Nr. 8, 8'50"-9'22": „Wir hatten nur zwei Verluste bei diesen Einsätzen und zwar in beiden Fällen ist es nur darum passiert, weil die betreffenden, die schon ein paar Mal unterwegs waren für uns, langsam unvorsichtig wurden, anfingen zu plaudern mit irgendwelchen Dienstkameraden, die sie trafen, und darauf blieben sie hängen und kamen beide um das Leben dabei"; Eckert, Hans, Mein Lebenslauf, S. 17: „Beim ersten Unfall erfuhr natürlich das deutsche Oberkommando, woher der Spion kam, und es erfolgte prompt in Bern deswegen eine diplomatische Demarche, worauf die Linie Mo eine Zeitlang gestoppt werden musste. Es gab aber nur eine vorübergehende Pause, und 1944 als wir auch Zuzug von französischen Widerstandskämpfern bekamen, wurde der Dienst beträchtlich ausgebaut."

212 Vgl. den Beitrag in dieser Publikation von Otmar Hersche..

213 Privatarchiv Broda: Eckert, Hans, Mein Lebenslauf, S. 8: „Neben sportlicher Betätigung war es nun vor allem die akademische Gesellschaft *Renaissance*, in er ich meinen nicht-juristischen Neigungen frö-

Mayr von Baldegg als Freund, der die N.S.1 stellvertretend führte und die „Mo"-Linie aufbaute.[214] Er schloss sich der kritischen und sozialgesinnten Bewegung „Le nouveau catholique" an.[215] Die dort gewonnen Beziehungen zu katholischen Priestern und Institutionen benutzte er, als er den illegalen Aufenthalt der „Mo"-Agentinnen und „Mo"-Agenten in der Schweiz organisieren musste.

Immer wusste er sich von seiner Gattin Annemarie Eckert-Meier unterstützt, die das erklärte Ziel der „Pfälzler", den Kampf gegen den Faschismus und den Nationalsozialismus, gegen die Regimes von Mussolini und Hitler, teilte. Dezidiert erklärte er: „Es ging um die Existenz unseres Landes. Um nichts anderes! Wir wussten genau, die Schweiz kann nicht überleben, wenn die Hitlerei den Krieg gewinnt. Darum unternahm man alles, um zu schauen, dass man denen das Handwerk endlich legt, und das war nur durch militärische Massnahmen möglich. ... Wir haben ja nichts als Urkunden gefälscht und illegale Grenzübertritte veranstaltet. Das war alles gesetzeswidrig, was wir gemacht haben. Aber das konnte die (schweizerische; Anm. d. Autorin) Bundespolizei nicht verwinden."[216] So hatten die Schweizer Nachrichten-

---

nen konnte. Wie kamen ja nicht nur jeden Mittwoch-Abend zu einem Vortrag im Frühstückszimmer des damaligen Hotels Metropole am Barfüsserplatz, die jeweils Anlass zu angeregten Diskussionen boten, sondern auch zum Sonntags-Stamm im Café Metropole, später im Jura beim Bahnhof zusammen. Im Winter gab es das sogenannte Familienfestli mit Tanz, im Frühjahr den Damenbummel. Dazwischen wurde auch Theater gespielt, meist unter der Leitung des ... Robi Klingele, der Ehrenmitglied dieser akademischen Gesellschaft war."

214 Privatarchiv Broda: Broda, May B., Audiovisuelles Interview mit Hans Eckert, Kassette Beta SP Nr. 9, 8'52"-9'29"; BAR JI.248(-) 8-22, 20: Hans Eckert, Basel, an Benno Mayr von Baldegg, Luzern, 16.6.1944.

215 Privatarchiv Broda: Broda, May B., Audiovisuelles Interview mit Hans Eckert, Kassette Beta SP Nr. 9, 12'51"-13'48".

216 Privatarchiv Broda: Broda, May B., Audiovisuelles Interview mit Hans Eckert, Kassette Beta SP Nr. 8, 22'12"-22'51" und 21'52"-22'06".

dienstler nicht nur die deutschen Spione und die deutsche Abwehr und Gestapo am Hals, sondern auch die eigenen (Polizei)Leute.

Der militärische Nachrichtendienst der Schweiz verstiess nicht nur gegen die Schweizer Gesetze, namentlich das Militärstrafrecht, sondern auch gegen das Neutralitätsprinzip, das die Schweizer Behörden nach aussen strikt hoch hielten. Die hier vorgestellte, von Hans Eckert und Doris Meister ausgeführte Ausschleusung der vier „Mo"-Agenten, des österreichischen Wehrmachtsdeserteurs und Widerstandskämpfers Fritz Molden, des serbischen Agenten und der beiden französischen Geheimdienstleute dokumentiert das Ausmass dieser Verwicklung des Schweizer Nachrichtendienstes mit dem französischen, amerikanischen und nicht zuletzt britischen Geheimdienst sowie mit den österreichischen und vermutlich jugoslawischen Untergrundorganisationen. Es handelte sich um eine Komplizenschaft des militärischen Nachrichtendienstes der Schweiz mit allen Alliierten,[217] die Russen eingeschlossen, wie Eckert immer wieder betonte,[218] und das konnte nicht ohne das Wissen des Eidgenössischen Militärischen Departements, des Eidgenössischen Politischen Departements und des Eidgenössischen Justiz- und Polizeidepartement sowie des Bundesrates von statten gehen.[219] Wie der Prozess dieser offensichtlich

---

217 Stafford, David, Mission Accomplished, S. 123.

218 Privatarchiv Broda: Broda, May B., Audiovisuelles Interview mit Hans Eckert, Kassette Beta SP Nr. 8, 23'45"-24'16."

219 Spätestens seit Frühling 1941 war der stellvertretende Leiter der Pfalz Fritz Dickmann im Zusammenhang mit dem Nachrichtendienst an der Nordgrenze sowohl dem EPD als auch der Gestapo bekannt; BAR E 27 9732: Kantonspolizei Rheinfelden, Rapport an Kommando des Aarg. Polizeikorps, Aarau, 2.4.1941, Kopie an Schweizerische Bundesanwaltschaft, Polizeidienst, 3.4.1941, Durchschlag; Der Chef, Abt. für Nachrichten- und Sicherheitsdienst, Armeekommando, an Max Waibel, Major i.Gst., N.S.1 / Ter. Kdo. 8, 13.5.1941, Durchschlag: „Der Name von Dr. D. wird durch unsere Zollorgane namhaft gemacht und

funktionierenden geheimdienstlichen Zusammenarbeit genau ablief, wäre weiter zu erforschen und hätte in eine Beurteilung der Ereignisse in der Schweiz während des Zweiten Weltkriegs einzufliessen.

---

ist von ihnen u.a. zur Kenntnis des Eidg. Polit. Departements gelangt"; Max Waibel, Major i.Gst., N.S.1 / Ter. Kdo. 8, Schweizerische Armee, Armeekommando, an Oberstlt. Schafroth, Abt. für Nachr.- & Sicherheitsdienst, Armeestab, Feldpost 9.5.1941: „Ich hatte bisher den Eindruck, dass die Deutschen den Namen von Dr. D. nicht kennen."

Roman Weissen

Nachrichtendienst

Spagat zwischen Staatsräson und
Freiheit?

Homo homini lupus[1] – Ist der Mensch wirklich dem Menschen Wolf, wie es Thomas Hobbes in seinem Leviathan[2]
postulierte? Auch Thomas Hobbes war von seiner Zeit und
seinen Erlebnissen geprägt. Wir alle sind es. Und so steht
auch der Titel meiner unvollständigen Abhandlung in direktem Zusammenhang zu meiner reichen politischen und
beruflichen Tätigkeit. Insbesondere auch in Bezug auf meine Erfahrungen beim Strategischen Nachrichtendienst der
Schweiz (SND). Ein Spagat zwischen Staatsräson und Freiheit? Was bedeutet der Titel? Welche Befindlichkeiten ver-
stecken sich allenfalls hinter den Worten, der Fragestellung?
Es ist kein Geheimnis, dass ich aufgrund meiner für mich
unglücklichen Rolle in der Fax-Affäre von 2006 und den
darauf folgenden rechtsstaatlichen Ungerechtigkeiten eingeladen wurde, an diesem Anlass teilzunehmen und an Sie,
meine Damen und Herren, ein paar Gedanken zu richten.
Selbstverständlich prägen und beeinflussen meine persönlichen Erfahrungen meine Einstellung zum Staatsapparat
nachhaltig.

---

1 Thomas Hobbes, 1588-1679; Leviathan - resp. Titus Maccius Plautus
2 Leviathan, Thomas Hobbes, London, 1651

Skizzen aus meinem Leben

Als langjähriger Gemeindepräsident einer Tourismusgemeinde, als Grossrat eines Kantons im Spannungsfeld zweier Landessprachen und damit zweier Kulturen, auch geprägt durch christlich-ethische Werte einer „Staatsreligion" erlebte ich, im direkten Kontakt mit den Bürgerinnen und Bürgern, die Seele der Menschen aus verschiedensten Perspektiven. Es sind durchaus positive Erfahrungen und Erinnerungen an die gelebte Demokratie innerhalb unserer bewährten Gesellschaftsstrukturen. Ich stand immer im permanenten – wie auch direkten – Dialog mit meinen Mitbürgerinnen und Mitbürgern. Mit gegenseitigem Verständnis sowie Respekt zwischen Bürgerinnen und Bürgern und dem Gemeinwesen, den Institutionen schlechthin. Positiv in Erinnerung ist mir auch die Arbeit im Dienste des Staates im persönlichen Stab zweier hoch verdienter Generalstabschefs, bei deren Wirken stets der Mensch und das Dienen am Staat im Zentrum standen. Auch die Damen und Herren Bundesräte dieser Zeit, mit denen ich als Diener des Staates zusammenarbeiten durfte, fühlten sich stets in erster Linie dem Souverän verpflichtet. Später folgt dann eine einschneidende Erfahrung der persönlichen Ohnmacht gegenüber staatlicher Willkür. Dies hinterliess Spuren, die ich in meinen Ausführungen nicht unterschlagen kann.

Ein Fax einer ägyptischen Behörde mit Details zu angeblich geheimen Gefängnissen in Osteuropa, der über das nachrichtendienstliche System zu den Medien gelangte, war die Ausgangslage für eine CIA-Fax-Affäre mit weltweitem Echo. Der damalige Chef VBS, sein Armeechef und die Verantwortlichen des SND und der Militärjustiz „schmiedeten" in einer „unheiligen Allianz der Gewalten" – ich kann es nicht anders sagen – den Tatbestand der „Verletzung eines militärischen Geheimnisses". Die Militärjustiz prüfte den „Inhalt" des vorgegebenen Tatbestandes nicht und veranlasste ein unsägliches Verfahren gegen unschuldige Medienschaffende und ein ausgesuchtes „Bauernopfer" des Nachrichtendienstes, wobei ich mich noch heute frage, wieso es gerade ich sein sollte.

Staatsraison

Nun, wie bereits Thomas Hobbes in seinem Leviathan den Menschen, aufgrund seiner Erfahrungen mit dem englischen Bürgerkrieg, nicht als Menschenfreunde erkannte, erkenne ich, aufgrund der mir widerfahrenen, ungeheuren Fehlhandlungen der staatlichen Institutionen, diese nicht mehr uneingeschränkt als „Freunde" des demokratischen Staatsverständnisses. Zumindest bin ich ein noch kritischerer Beobachter und Agitator geworden. Um es mit Stéphane Hessel zu sagen: Empört euch!

Niccolò di Bernardo dei Machiavelli, der florentinische Politiker, Staats-Philosoph und Diplomat prägte den Begriff der Staatsräson im 15. Jahrhundert. Als grundsätzliches Ordnungs- und Handlungsprinzip verstand er den Begriff. Und die darunterliegenden Prinzipien sollten vor allem der Machterhaltung und der Machtvermehrung dienen. Was heute gerne vergessen geht, ist die Tatsache, dass es Machiavelli auch um die moralisch-ethische Verankerung eines Gesellschaftssystems ging. Nicht die Machterhaltung und auch nicht die Machtvermehrung waren in seinem primären Fokus, sondern das Verhalten des Mächtigen gegenüber dem Souverän, gegenüber dem einzelnen Bürger, der einzelnen Bürgerin: also die Pflichten und Rechte des Mächtigen! In unserem Fall die Rechte und Pflichten der staatlichen Institutionen, insbesondere deren ausführenden Exponenten.

Freiheit

Zunächst ein Zitat von Jean-Jacques Rousseau: „Alle liefen auf ihre Ketten zu, im Glauben, ihre Freiheit zu sichern; denn sie hatten zwar genügend Vernunft, um die Vorteile einer politischen Einrichtung zu ahnen, aber nicht genügend Erfahrung, um deren Gefahren vorherzusehen."[3] Innere Freiheit gehört nach klassischer humanistischer Auffassung zu den wesentlichsten unveräusserlichen Eigenschaften des Menschen. Ich spreche hier jedoch nicht davon, ob Menschen einen freien Willen besitzen. Ich spreche von der grundlegenden, umfassenden, politischen Freiheit, die jeder Bürgerin, jedem Bürger im Rahmen der Rechtsstaatlichkeit nicht nur eingeräumt werden muss, sondern auch eines besonderen Schutzes bedarf!

Es ist evident, dass die politische Freiheit, die Rechte und Pflichten gleichermassen schützt und fordert, und damit auch die Freiheit des Individuums in der Gesellschaft. Sie steht somit in direktem Zusammenhang mit der Beschaffenheit und dem Agieren staatlicher Institutionen. Es ist also gefordert, diese Freiheit permanent zu schützen, zu fördern und zu hinterfragen. Das ist ein ewiger Prozess des Sich-Erneuerns, ganz im Sinne also von Dr. Hans Eckert, dem heute dieser Anlass gewidmet ist.

Geheime Institution

Wir sprechen auch von der Frage nach der Notwendigkeit einer geheimen Institution beziehungsweise deren verdeckten Agierens. Vielleicht fern jeder unabhängigen Kontrolle? Übergeordnet angesiedelt, in der Hierarchie unserer Staatsstrukturen...? Und damit spreche ich auch von einem gefährlichen, oder doch eher sensiblen, Instrument. Gefährlich für

3 Jean-Jacques Rousseau, 1712 - 1778: 2. Diskurs, 2. Teil, Genf, 1755

die Bürgerinnen und Bürger, und sensibel für den Staat, den sie vorgibt, schützen zu wollen. Natürlich auch vice-versa! Begeben wir uns also auf diese Gratwanderung, im Spannungsfeld zwischen Staatsräson und Freiheit.

Der „moderne" Inlandnachrichtendienst der Schweiz geht auf die Bundesverfassung von 1848 zurück, die dem Bund die Kompetenzen zur Handhabung einer „politischen Fremdenpolizei" einräumte. Der Fokus lag schon damals auf der inneren und äusseren Sicherheit des Landes. Das hat sich im Grundsatz bis heute nicht verändert. Was sich geändert hat, sind die Methoden, die Zuständigkeiten, die Abhängigkeiten und vieles mehr. Als Folge der sogenannten „Belasi-Affäre" hat schon der damalige Bundesrat Adolf Ogi Glasnost im Schweizer Pentagon, dem Nachrichtendienst, gefordert. Die Folge war eine entscheidende Reorganisation! Und da stellen sich Fragen.

Hat sich der Bundesnachrichtendienst (BND), wie er seit der 2010 erfolgten Zusammenführung des Dienstes für Analyse und Prävention (DAP) und des strategischen Nachrichtendienstes (SND) neu heisst, auch immer wieder selbst kritisch hinterfragt und weiterentwickelt? Wird ein Bundesnachrichtendienst den staatspolitischen Anforderungen einer Demokratie der Schweiz gerecht? Oder ist die verfassungsmässig geforderte Freiheit des Menschen und dessen Würde gefährdet, alleine durch das Operieren eines Nachrichtendienstes, der unter Ausschluss der Öffentlichkeit – im Verdeckten – seine Dienste erfüllt?

Gemeinwohl

Wie ich in meiner Einleitung aufzuzeigen versucht habe, scheint tatsächlich eine Gefahr darin zu liegen, der Staatsräson zu viel unterzuordnen. Die Freiheiten eines jeden Einzelnen zu gefährden, um angeblich höhere Ziele zu schützen.

Denn welches sind die höchsten Ziele einer Gesellschaft? Und welche Mittel und Wege sind legitim, um diese zu erreichen?

Dr. Hans Eckert war sehr viel daran gelegen, das stetige Hinterfragen zu fordern und voranzutreiben. Es ist die Grundlage aller Weiterentwicklung und aller Erkenntnis, Kritik an sich selber nie erlahmen zu lassen. Dies gilt für staatliche Einrichtungen und deren Verantwortliche ganz besonders! Die Geschichte spielt mir in die Hand. Heute in sechs Tagen jährt sich der 300. Geburtstag von Jean-Jacques Rousseau. Ich wage zu behaupten, dass die Aufklärungsphilosophie Rousseaus auch in der heutigen Zeit an Aktualität nur sehr wenig eingebüsst hat. Die saluspublica, also das Gemeinwohl, als höchstes Gut der Gesellschaftsordnung, bestimmt die Staatsräson. Die Fragen nach der Gerechtigkeit oder einer Rechtsidee stehen im Mittelpunkt. Sie merken, das Gemeinwohl als höchstes Gut einer Gesellschaft, die all ihren Mitgliedern gleichermassen dienen soll, versus einer grösstmöglichen Freiheit des Einzelnen in dieser Gesellschaft. Es scheint sich ein Dilemma herauszukristallisieren. Ein Widerspruch? Ist Freiheit messbar? Und gelingt dieser Spagat? Gelingt er dem Staat, den wir uns selber gegeben haben, und der unsere Rechte und Pflichten bestimmt?

Nachrichtendienst

Im weiteren Fokus steht nun der Nachrichtendienst (ND) als Institution, der gemäss geltendem Gesetz sicherheitspolitisch bedeutsame Informationen über das Ausland zu beschaffen und zu Handen der höchsten Exekutive des Landes und der Departemente auszuwerten hat. Zudem nimmt der ND nachrichtendienstliche Aufgaben im Bereich der inneren Sicherheit wahr. Grundlage für diese gesetzlich formulierten Aufgaben des Nachrichtendienstes bildet eine gesetzliche Trias aus Bundesverfassung, dem Bundesgesetz über die Zuständigkeiten im Bereich des zivilen Nachrichtendienstes und dem Bundesgesetz über Massnahmen zur Wahrung der inneren Sicherheit (BWIS).

Art. 1 über den Zweck des Bundesgesetzes über Massnahmen zur Wahrung der inneren Sicherheit besagt: Das Gesetz dient der Sicherung der demokratischen und rechtsstaatlichen Grundlagen der Schweiz sowie dem Schutz der Freiheitsrechte ihrer Bevölkerung. Wie ist es unter Einbezug des genannten, essentiellen Artikels aus dem massgebenden Bundesgesetz, und natürlich aller anderen Gesetzesgrundlagen, dann möglich, dass sich die verantwortlichen Instanzen dazu entschlossen, systematisch persönliche Daten von über 10% der Schweizer Bevölkerung zu sammeln und auszuwerten? Und dies, ohne dass die zuständige Geschäftsprüfungskommission (GPK) zumindest eine Überprüfung beantragte? Und der Staat nahm durch diese unverhältnismässige Sammelwut einen Vertrauensverlust in der Bevölkerung in Kauf, der irreparabel zu sein schien? Der guten Ordnung halber sei festgehalten: Als Folge der Untersuchungen einer Parlamentarischen Untersuchungskommission (PUK) wurden inzwischen in Kenntnis verschiedener Fehlverhalten Korrekturen vorgenommen.

Und wie war es möglich, dass ein Fax aus nachrichtendienstlicher Quelle, aus welcher nachrichtendienstlichen Logik auch immer, zu den Medien gelangte, und Nachrichtendienst, Departement und die hauseigene Militärjustiz daraus eine militärische Geheimnisverletzung konstruieren konnten, obschon es nachweislich keine war? Veranlasst durch Verantwortungsträger, die der Gewaltentrennung verpflichtet sein sollten? Es war und ist möglich, auch im 21. Jahrhundert.

Ein Spagat

Die Wahrung von Staatsinteressen müsste geschult sein.
Auf allen Ebenen, in allen Institutionen, in der Seele jedes
einzelnen Menschen in unserer Gesellschaft. Gewiss, auch
die vierte Macht im Lande, die Medien, stehen in der Pflicht,
nicht alles der Quoten- und Auflagenjagd zu unterwerfen.
Wir können uns aber glücklich wähnen, dass wir Medienschaffende haben, die bei uns noch aufdecken, was öffentlich
und transparent werden muss.

Es gibt tatsächlich übergeordnete Interessen! Und die
übergeordneten Interessen sind nur zu wahren, wenn das
Vertrauen in die Menschen nicht gestört ist. Machterhal-
tungs- und Machtvermehrungsstrategien erschüttern die
moralisch-ethische Basis und zerstören sie schliesslich. Es
geht also um eine Gratwanderung zwischen der menschlichen Schwäche, sich stets zu bereichern, und dem tiefen Be-
dürfnis, sich absolut frei bewegen zu dürfen. Es geht darum,
den Geist frei zu gestalten und ihm den Raum zu lassen, die
fürs Überleben einer Gesellschaft notwendig sind. Es geht
also um übergeordnete Interessen! Und da fragt sich: Ist eine
nachrichtendienstliche Tätigkeit nötig, um die Gesellschaft
zu schützen? Und kann man damit die Freiheit sichern? Man
kann diese Fragen nicht ohne Sicht aufs Ganze beantworten.
Man hat jedoch niemals die Möglichkeit, die Sicht aufs Ganze sicherzustellen. Man hat aber die Möglichkeit, sich stets
zu verbessern, sich stetig in Frage zu stellen, anderen zuzu-
hören und in Betracht zu ziehen, dass auch der Andere recht
haben kann: in seiner Ansicht und im Vertreten der eigenen
Meinung. Nachrichtendienstliche Tätigkeit ist immer ein
Spagat zwischen Staatsräson und der Freiheit des einzelnen
Bürgers.

Folgerungen

Der deutsche Bundeskanzler a.D. Helmut Schmidt, einer der grössten Staatsmänner unser Zeit, antwortete im Jahre 2009 in einem Interview im NZZ-FOLIO auf die Frage „Misstrauen Sie den Geheimdiensten?" wie folgt: „Ich habe in meinem ganzen Leben ein einziges Mal den Chef des deutschen Auslandgeheimdienstes BND empfangen. Ich wollte mit Geheimdiensten nichts zu tun haben". Ende des Zitats. Helmut Schmidt sagte aber auch, dass „Transparenz nicht das erstrangige Interesse des Staates" sei. Zwei Aussagen, ein Widerspruch, oder doch nicht?

Bleiben wir nun im politisch wirtschaftlichen Umfeld des Jahres 2012. In einer höchst komplexen Zeit, in der wir davon ausgehen können, dass im Eigeninteresse der Schweiz die offizielle Diplomatie kaum mehr öffentlich ist und selbst die althergebrachten Abläufe der Schweizer Demokratie nicht immer völlig transparent sind, brauchen wir Netzwerke. Und in bewegten und schwierigen Zeiten ändert sich gewiss auch der Spielraum unseres Nachrichtendienstes.

Es ist wiederum kein Geheimnis, dass an erster Stelle Bundesrat Ueli Maurer, bei dem die departementale Zuständigkeit für den Bundesnachrichtendienst liegt, eine differenziert kritische Haltung gegenüber der nachrichtendienstlichen Tätigkeit pflegt. Als ausgewiesener Verfechter von Freiheit und Demokratie, versteht er es, die nachrichtendienstlichen Bedürfnisse – im Einklang der Interessenabwägung Bürger und Staat – und die Rechte und Freiheiten des Einzelnen in das richtige Verhältnis zu setzen.

Im neuen Nachrichtendienst des Bundes haben militärische Bedrohungen heute eine weit geringere Priorität als zu den Zeiten, in denen Dr. Hans Eckert im Militärischen Nachrichtendienst der Armee dem Vaterland gedient hat. Dies, weil ein Krieg in Zentraleuropa in seiner klassischen Ausprägung zurzeit unwahrscheinlich ist. Bedrohungsseitig im Vordergrund stehen heute vielmehr drei Themen: der Kampf gegen Extremismus und Terrorismus, Angriffe im Cyberspace und die Verhinderung der Proliferation von Massenvernichtungsmitteln und anderen Waffen.

Ethno-nationalistisch oder dschihadistisch motivierter Gewaltextremismus und Terrorismus ist für die Schweiz primär von der Lage im jeweiligen Herkunftsland und der Grösse der Diasporagemeinschaft in unserem Land abhängig. Und weil die Schweiz vorerst weiterhin nicht erklärtes prioritäres Ziel dieser Organisationen ist, bleiben vor allem unsere Interessen und Schweizer im Ausland bedroht. Die Bedrohung durch Cyberangriffe wird auf absehbare Zeit ein Hauptproblem für unser Land und deren kritische Infrastruktur bleiben. Dies, weil die noch immer wachsende digitale Vernetzung der Schweiz immer neue Möglichkeiten für Vandalismus, Kriminalität, Spionage, Sabotage und zur Austragung von Konflikten schafft. Es gibt heute kaum mehr einen Fall, in dem das Internet nicht in irgendeiner Form eine Rolle spielt – sei es als Spurenträger, als Tatort oder als Mittel zur Tatausführung. Die Entwicklung von Massenvernichtungswaffen schreitet zudem weiter voran. Das wachsende Krisenpotential der Proliferation von Massenvernichtungsmitteln und Trägersystemen, aber auch anderer Waffen sowie der Fluss nuklearrelevanter Güter und Technologien über Drittländer in proliferationsrelevante Staaten bleibt für die Schweiz und unsere Exportkontrolle eine grosse Herausforderung. Dies auch deshalb, weil heute vermehrt Subsysteme und Komponenten klandestin beschafft werden, die schwieriger zu identifizieren und dem illegalen Handel zu entziehen sind. Diesen drei Bedrohungen gemeinsam ist, dass die Hauptakteure und deren Aktionen mehr als je zuvor auf geheimen Netzwerken basieren. Netzwerke können heute jedoch nicht mehr mit ausreichenden Erfolgsaussichten allein mit nachrichtendienstlichen Bürokratien bekämpft werden. Szenen mit Netzwerken, die sich laufend verändern, müssen mit eigenen Netzwerken unterwandert und deren Aktivitäten mit eigens dafür geschaffenen Netzwerken verdeckter Ermittlung offensiv verhindert werden. Dies zeichnet den derzeit erforderlichen Wandel im Bereich Nachrichtendienst aus und rückt die Spannung zwischen Staatsräson und Freiheit in den Hintergrund.

Meine Damen und Herren, in vollem Bewusstsein meiner Unzulänglichkeiten, und doch Kraft der mir teilgewordenen Erfahrungen und meines bescheidenen Wissens, schliesse ich hier mit einem Zitat von Karl Marx, eines weiteren, massgebenden Philosophen: „Die Philosophen haben die Welt nur verschieden interpretiert, es kommt drauf an, sie zu verändern."[4]

---

4 Karl Marx, 1818 - 1883; Thesen über Feuerbach, Notizbuch 1844 - 1847, Brüssel, 1845.

Interview mit Roman Weissen

Walliser Bote, 7. November 2013

Halb Europa will Edward Snowden Asyl gewähren. Sollte es auch die Schweiz tun?

Der Vorschlag der ehemaligen Walliser Bundesrätin Micheline Calmy-Rey, den ex Geheimdienstler aufzunehmen und ihm Asyl zu gewähren, ist eine prüfenswerte Idee. Der Vorschlag deckt sich durchaus mit der 1. August These des „David und Goliath", die Bundespräsident Ueli Maurer im Jahr 2014 formuliert hat. Die Schweiz soll sich von Macht und Grösse nicht einschüchtern lassen. David hat jedoch ein paar Wochen später kaum den Mut, anders zu sein. Unser Land brüskiert die Supermacht USA wohl kaum, den Goliath also. Wir lassen uns lieber weiterhin ausspionieren. In Genf, Bern Zürich und wohl auch über Ohren und Augen in Leuk?

Dann sind Sie über die Ausspähmethoden der USA und die Enthüllungen der Überwachungsprogramme des US-Nachrichtendienstes nicht überrascht?

Überhaupt nicht. Auftrag und Funktionieren der Geheimdienste sind komplex und intransparent. Das Biotop der Dienste gedeiht in jedem Land mehr oder weniger eigendynamisch. Die Behörden der jeweiligen Staaten kennen ihre Akteure der Geheimdienste, deren Saat und Früchte nicht im Detail. Die Tragik ist, dass «Stasimethoden» plötzlich von sogenannten Rechtsstaaten unter dem Vorwand der Sicherheit überboten werden.

Jedes Land hat seine Geheimdienste?

Richtig. Das weiss doch nun wirklich jeder. Ich kann mir keine Regierung und keinen Staatsmann oder die deutsche

Kanzlerin vorstellen, die nicht wissen, dass sie ausgespäht werden. Das Verbreiten von Lügen gehört zum nachrichtendienstlichen Handwerk. Die Regierungsvertreter sollten sich so gesehen hüten, das wiederzugeben, was die Nachrichtendienste einflüstern. Es bewahrheitet sich immer wieder, dass Geheimdienste sogar ihre eigenen Politiker ausspionieren. Den Geheimdiensten kann man nicht trauen. Das hat schon der ehemalige Bundeskanzler Helmut Schmidt an die Adresse des eignen BND deutlich gesagt.

Die Geheimdienste müssen sich aber doch den staatlichen Gesetzen unterstellt?

Unter dem Vorwand der Interessenwahrung des eigenen Landes hat schlichtweg jede Methode der Überwachung Platz. Die Enthüllungen des ehemaligen US-Geheimdienstmannes Edward Snowden sind deutliche Signale an die Adresse der Staatengemeinschaft. Geheimdienste sind zu allem fähig. Der Verräter ist nicht Snowden. Verrat ist, wenn die ausgespähten Regierungsvertreter Tatlosigkeit an den Tag legen und so tun, als hätten sie von allem nichts gewusst. Naivität aus Staatsräson.

Die Geheimdienste unterstehen somit eigenen Gesetzen?

Der US-Geheimdienstorganisation können die übrigen Dienste kein Wasser reichen. Ausser vielleicht der israelischen Geheimdienst Mossad. Die Geheimdienste untereinander suchen landesübergreifend die Kooperation. Unter dem Vorwand der Bekämpfung des Terrorismus spricht man vom Austausch der relevanten Informationen und arbeitet mit den sogenannten Partnerdiensten zusammen. Auch die Schweiz mit ihrer eher bescheidenen nachrichtendienstlichen Infrastruktur.

Partner, die sich gegenseitig anlügen und sich gegenseitig in die Karten blicken?

Zu was diese Partnerschaft führt und was sie auf der nachrichtendienstlichen Ebne wert ist, kennen wir inzwischen. Misstrauen und Doppelbödigkeit überbieten sich auf prominenter Ebene. Die Welt kennt inzwischen den persönlichen Umgang der höchsten Repräsentanten von Deutschland und USA. Man küsst sich wie Bruder und Schwester und beschattet sich gegenseitig.

Und der Schweizer Geheimdienst?

Die Schweiz hat keinen Geheimdienst, sondern neu einen Nachrichtendienst des Bundes (NDB). Ein Gesetz dient der Sicherung der demokratischen und rechtsstaatlichen Grundlagen der Schweiz, auch der Schutz der Freiheitsrechte ihrer Bevölkerung. Selbst in der Schweiz werden die gesetzlichen Barrieren von Fall zu Fall nach Gutdünken ausgelegt. In der Fax-Affäre wurde vor Jahren im Verbund der staatlichen Gewalten eine Geheimnisverletzung fabriziert, die keine war. Die Öffentlichkeit wurde bewusst desinformiert und angelogen.

Müsste ein Nachrichtendienst im Interesse des Staates nicht völlig unkontrolliert wirken und handeln?

Nein. Nachrichtendienstliche Tätigkeit ist immer ein Spagat zwischen Staatsräson und der Freiheit des einzelnen Bürgers. Im Zentrum stehen andere Fragen. Hat sich der Nachrichtendienst des Bundes (NDB) je selbst kritisch hinterfragt? Hat sich der NDB der Zeit entsprechend weiterentwickelt? Die nachrichtendienstliche Arbeit kann nicht an pseudo James Bonds übertragen werden. Der nachrichtendienstliche Aktionsspielraum muss von einer unabhängigen nachrichtendienstlichen Kontrollinstanz gebilligt und überwacht werden. Und für spezielle Überwachungsaufträge braucht es im

Sinne des obersten Datenschützer Hanspeter Thür ein Okay einer unabhängigen richterlichen Instanz. Aufgrund meiner Erkenntnis und Erfahrung mangelt es derzeit an tauglichen Kontrollmechismen unserer Nachrichtendienste. Insbesondere bräuchte es Kontrolle der Chefs auf den verschiedenen nachrichtendienstlichen Stufen. Eine „Generalvollmacht" für interne Kontrollen der Mitarbeiter der Dienste mit der Gefahr einer kollektiven Verdächtigung wäre kein taugliches Rezept. Das Schweizer Parlament prüft derzeit die richtigen Kontrollmassnahmen rund um die Einsatzkompetenz der Nachrichtendienste.

Kann der Schweizerische Nachrichtendienst des Bundes (NDB) der Konkurrenz aus dem Ausland überhaupt Paroli bieten?

Nachrichtendienstliche Tätigkeiten im Ausland sind anderen Gesetzmässigkeiten unterworfen. Der damalige autonom agierende Auslandnachrichtendienst war in jedem Falle freier und effizienter in der nachrichtendienstlichen Auftragserfüllung. Er konnte unter Ausschluss der Öffentlichkeit und im Verdeckten seinen Auftrag zielführender und weit besser erfüllen, als der heutige BND der gesetzliche Schranken einhalten muss. Die eigentlichen Feinde muss man nicht innerhalb der eigenen Landesgrenzen und unter den eigenen Bürgern suchen. Es geziemt sich nicht, diese nach zweifelhafter und dilettantischer Logik zu überwachen. Was im Inland aufzudecken und zu überwachen gibt, dafür haben wir die Polizei aller Stufen und die unabhängigen Gerichtsbehörden.

Industrie, Wirtschaft und aktuell die Bankenwelt sind auf eigene Kontrollen angewiesen?

Der Spionageabwehr im Interesse unserer Banken und der Wirtschaft ist man in der Schweiz kaum gewachsen. Was die amerikanischen Partnerdienste in Genf alles überwachen, ist Beweis genug. Zielobjekte sind nicht nur die UNO, sondern Genf weltweit führender Ort des Rohstoffhandels insgesamt. Und in Basel werden wohl die Pharmaindustrie und in Zürich die Banken ausgehorcht. Die Resultate kennen wir inzwischen. Wir leben in einem Wirtschaftskrieg. Wissen ist Macht. Die Schweizer Industrie- und Chemieunternehmen sowie die Banken müssen wohl eigenverantwortlich ihre internen Kontrollmechanismen verstärken. Wie wir wissen, haben die Lecks in den eigenen Bankhäusern inzwischen verheerende Konsequenzen für das Land. Bei der Wirtschaft ist man besser auf der Hut.

Braucht die Schweiz dann überhaupt noch einen eigenen Nachrichtendienst?
Sicher braucht es eine Organisation im Staate, die nachrichtendienstlich tätig ist. Im neuen Nachrichtendienst des Bundes haben militärische Bedrohungen zwar keine Priorität. Ein Krieg in Zentraleuropa in seiner klassischen Ausprägung ist zurzeit unwahrscheinlich. Bedrohungsseitig im Vordergrund stehen vielmehr die drei Themen Kampf gegen Extremismus und Terrorismus, Angriffe im Cyberspace und die Verhinderung der Proliferation von Massenvernichtungsmitteln und anderen Waffen.

Angriffe im Cyberspace?
Das Internet bietet immer neue Möglichkeiten für Vandalismus, Kriminalität, Spionage und Sabotage zur Austragung von Konflikten. Die Bedrohung durch Cyberangriffe jeglicher Form bleibt auf absehbare Zeit ein Hauptproblem für unser Land und deren Infrastruktur.

Daten im Internet und über Google und Microsoft sind ja für die Nachrichtendienste Fundgruben?

Diese Netzwerke werden heute in guter wie in böser Absicht genutzt. Denken wir nur an Facebook und Handy. Wer Internet und Handy nutzt, muss ja wissen, dass zwischen den USA und Europa, ja überall auf der Welt irgendjemand mitliest oder mithört. Es ist deshalb evident, dass der Rechtsstaat in erster Linie die politische Freiheit, die Rechte und Pflichten gleichermassen schützt und fordert, und damit auch die Freiheit des Individuums in der Gesellschaft. Es gibt aber auch auf der negativen Seite kaum mehr einen Fall, in dem das Internet nicht in irgendeiner Form eine Rolle spielt. Sei es als Spurenträger, als Tatort oder als Mittel zur Tatausführung. In diesen Fällen stehen die Nachrichtendienste vor ganz grossen Herausforderungen.

Welche Lehren soll der einzelne Bürger nach Kenntnis der Abhörskandale ziehen?

Frau und Mann bei gutem Menschenverstand müssten ja wissen, dass nichts mehr geheim ist oder bleibt. Über unser Handy, Facebook, Google, WhatsApp, Internet und alle digitalen Kommunikationsmittel öffnen wir ja die Türen zur Transparenz unser selbst. Auch jeder Datenträger, wie etwa eine Kreditkarte, hinterlässt Spuren. Wir haben Geheimdienste, aber keine Geheimnisse mehr, auch kein Bankgeheimnis. Vielleicht noch ein Beichtgeheimnis, das keiner mehr nutzt, weil der Glaube an das Geheimnis fehlt. Die IT-Spezialisten finden doch alles, was sie suchen und finden wollen. Und wir wollen das ja so! Wir sind ja freie Menschen geworden, die ihre Freiheit dem Staat überlassen.

Simon Mugier und Roman Weissen

Kein Staat im Staate

Nachlese aus aktueller Sicht

Der Anlass zur Würdigung von Leben und Wirken von Hans Eckert, der 2011 verstorben ist, fand am 22. Juni 2012 statt. Die Referenten hielten ihre Vorträge vor dem Hintergrund der Erkenntnisse bis zu diesem Datum. Das Interview im „Walliser Bote" von Roman Weissen erschien am 7. November 2013. Im Juni 2015 erscheint nun der vorliegende Band. Die Eigendynamiken bezüglich der Nachrichtendienste aller Länder, vor allem aber in Hinblick auf Erkenntnisse über die Aktivitäten des amerikanischen Geheimdienstes NSA und die damit verbundenen Spionageaffären in Europa, haben inzwischen neue Dimensionen erreicht. Sogar die NSA-Bespitzelung befreundeter Staatsoberhäupter ist öffentlich geworden – und wird teilweise geduldet.

Es stellen sich Fragen: Bleibt die scheinbar totale Überwachung durch die „Goliath"-Länder auch in Zukunft massgebend? Werden die „Davids" weiterhin mit den Partnerorganisationen der Grossen kooperieren, und ist der Schutz der eigenen Bürger mehr als nur ein Vorwand für technokratische Machtausübung?

Gewiss, die Welt ist gefährlicher geworden und Angriffe gegen die demokratische Gesellschaft und ihre Werte nehmen zu. Vor diesem Hintergrund haben die Eidgenössischen Räte in der Sommerssession 2015 das Bundesgesetz betreffend die Überwachung des Post- und Fernmeldeverkehrs (Büpf) und das Nachrichtendienstgesetz des Bundes (NDG) beraten und Entscheide aus der Optik der neuen staatlichen Sicherheitsbedürfnisse gefällt: Dem Nachrichtendienst soll in spezifischen Fällen ermöglicht werden, Telefone abzuhören,

Wanzen anzubringen und in Computer einzudringen. Die Eingriffe in die Privatsphäre wurden dabei zu Recht einer übergeordneten Bewilligungspflicht (richterlicher Erlaubnis) unterstellt und die unabhängige Kontrolle und Aufsicht des Nachrichtendienstes wird parallel dazu optimiert. Eine selbstständige wie auch unabhängige Aufsichtsinstanz erhält den Auftrag zur Kontrolle. Die Entwicklung zur vermehrter nachrichtendienstlicher Agieren kommt einerseits den bei vielen Menschen stark vorhandenen Bedürfnissen nach Sicherheit und Schutz, etwa vor Kriminalität und anderen aktuellen Bedrohung, entgegen. Anderseits ist Skepsis angebracht. Nachrichtendienste dürfen nicht zum Staat im Staate werden.

Edward Snowden, seit 2013 deutscher Whistleblower-Preisträger, sagte in einem Spiegelinterview (Ausgabe Nr. 20/2015) kürzlich: „Es geht darum, ob wir das Modell einer freien Gesellschaft, den Wert der Privatsphäre und vertrauenswürdige Partnerschaften (zwischen den Staatengemeinschaften) an andere Generationen weitergeben können."

Die Problematik rund um die nachrichtendienstlichen Tätigkeitsfelder bleibt in jedem Falle auch in Zukunft komplex und wohl auch widersprüchlich. Unsere Fragestellung bleibt aktuell und wird Öffentlichkeit, Medien und Politik weiterhin beschäftigen. Es geht letztlich immer um das Vertrauen in die staatlichen Institutionen und um die Gewährleistung von Freiheit und Rechtstaatlichkeit. Auftrag und Selbstverständnis der Nachrichtendienste liegen gerade im Schutz dieser Rechtstaatlichkeit im Dienste des freien Individuums. Dennoch, Selbstverständnis und Kompetenzspielraum der Nachrichtendienste gehören permanent hinterfragt. Und nachrichtendienstliches Tun bleibt auch in Zukunft ein Spagat zwischen Staatsräson und individueller Freiheit.

Basel/Bern, 22. Juni 2015

Abbildungsverzeichnis

Zu den AutorInnen

May B. Broda, *1952 in Wiesbaden, ist Historikerin, Filmemacherin und Publizistin. Sie hat 1989 die erste zeitgeschichtliche Sendereihe des Schweizer Fernsehens „Spuren der Zeit" mitbegründet und war deren Redaktorin. Ihre Arbeitsschwerpunkte sind Historische Migrationsforschung und Gender Studies, wie ihr Aufsatz über die Mutter des ehemaligen Basler Professors für Organische Chemie und Nobelpreisträgers Tadeus Reichstein dokumentiert.[1]

Otmar Hersche, *1934, Dr. phil., studierte Germanistik und Soziologie. Er arbeitete viele Jahre als Journalist und ist ehemaliger Direktor von Radio und Fernsehen DRS. 2008 erschienen seine „Erinnerungen an den Journalismus" (Rotpunktverlag, Zürich).

Sibyl Imboden-Eckert, *1945 in Basel, ist die jüngste Tochter von Hans Eckert. Sie absolvierte die Ausbildung zur klassischen Ballettlehrerin in London und war anschliessend 22 Jahre tätig in der eigenen Ballettschule in Küsnacht/ZH.

Ueli Mäder, *1951, ist Professor am Seminar für Soziologie an der Universität Basel und der Hochschule für Soziale Arbeit. Er leitet das Nachdiplomstudium in Konfliktanalysen und den MAS in Friedensforschung. Seine Arbeitsschwerpunkte sind die soziale Ungleichheit und die Konfliktforschung.

---

1 „East European Jewish Migration to Switzerland and the Formation of ‚New Women'. The New Life of Gustawa Reichstein-Brokman (1875-1964)", in: Lewinsky, Tamar/Mayoraz, Sandrine (Eds.), East European Jews in Switzerland, New Perspectives on Modern Jewish History, Vol. 5, Berlin/Boston 2013, p. 149-177.

Simon Mugier, *1981, ist Assistent am Seminar für Soziologie sowie Geschäftsführer und wiss. Mitarbeiter beim KunstRaumRhein. Er promoviert bei Ueli Mäder zu sozioökonomischen Fragen von Wirtschaftswachstum, Gemeinwohl und Nachhaltigkeit.

Roman Weissen, *1947, war Gemeindepräsident von Unterbäch-Wallis, Stabsmitarbeiter bei zwei Generalstabschefs, Info-Beauftragter des damaligen Auslandgeheimdienstes SND, dann Infochef von Seilbahnen Schweiz (SBS). Heute Inhaber einer Management- und Kommunikationsagentur in Bern und Crans-Montana.

Hermann Wichers, *1958, Dr. phil., ist seit 1996 Archivar am Staatsarchiv Basel-Stadt. Er studierte Geschichte und Sozialwissenschaften in Darmstadt und Bonn, und promovierte an der Universität Basel. Von 1991-1996 war er als Assistent am Historischen Seminar in Basel tätig. Mit Hans Berner und Claudius Sieber-Lehmann veröffentlichte Wichers 2008 bzw. 2012 (2. Auflage) die Kleine Geschichte der Stadt Basel. Er ist Redaktor der Basler Zeitschrift für Geschichte und Altertumskunde und Verfasser zahlreicher Personenartikel im Historischen Lexikon der Schweiz.